AI〈人工知能〉が
Artificial Intelligence
「答えの出ない問題」に答えてみた。
What's so great about GPT?

AI Writing Assistant
Catchy
〈キャッチー〉
［著］

伊藤新之介・成田修造
Shinnosuke Ito　Shuzo Narita
［監修］

CROSSMEDIA PUBLISHING

はじめに

この書籍は、ＡＩを使って歴史上の人物を生成し、人類が現在直面している重要なテーマの様々な質問に対して、ＡＩプロジェクトがどのような回答をするかを検証する試みです。

例えば、ナポレオンＡＩが起業家支援について語っていたりします。

本書を読んでいただいて読者の方に判断いただきたいところですが、僕としては予想以上に精度の高い回答になったと考えています。

人物の個性を捉えつつ、現代の僕たちにとっても一理あると思わせる回答が並んでいます。

この書籍で紹介されているＡＩによる回答を見ていけば、将来的に人間のリーダーがＡＩになる可能性があることを感じとれるかもしれません。僕は近い将来、こうしたＡＩによる意思決定の実験を通じて人類がこれまでにない強力なツールを手に入れると考えています。

それは単に論理的な意思決定だけでなく、思想的なイノベーションのヒントも今後ＡＩが生み出すという可能性も秘めています。

それほどまでに今起こっているＡＩの進化のスピードは異次元です。

では、今後ＡＩはどんな進化をしていくのでしょうか。

例えば検索がわかりやすく、こうしたＡＩへの質問はこれまでの検索体験を大きく変える可能性を秘めています。単なる情報収集としての検索がＡＩとの情報交換になり、深い対談に繋がり、その体験を通して人類が自分の人生の意味を見出すような新しい考え方を生み出すほどの強さがあります。

このことは「世界の情報を整理する」というGoogleのミッションがその目的を完了し始めていると言ってもいいのかもしれません。もちろん、まだまだフィジカル情報含めて整理すべき情報は多々ありますが。

もう一つの進化が直近起こってくるのが出版社ではないでしょうか。

書籍という特定領域の価値の塊を、読者は単に読むだけでなく、書籍のＡＩと対話することを含めて「本を読む」と呼ぶようになるかもしれませんし、そもそも書籍の企画や編集もＡＩで大きなイノベーションが数ヶ月で起こっても全く不思議ではありません。

こう考えると、知識と人格を組み合わせた意思決定が適応可能な市場はかなり広大で、例えば人事なんかもＡＩと相性がいいと思います。

ただＧＰＴ－３をはじめとした現在のＡＩだとまだ人事に適応できないでいます。なぜなら、ＡＩとは知識と推論能力しかないからです。でも、ＡＩに人格を与えることで会社個々の感情を考慮した意思決定ができるようになります。そして、このプロジェクトを通じて、感情を考慮する意思決定にはまだ時間がかかると思っていましたが、全然いけるということが分かりました。

例えば人事以外にも、法律相談や経営コンサルティングやプロダクト開発なども今後急速にＡＩ比率は高まっていくでしょう。法律相談は、判例や事例と基本的知識にＡＩの推論能力を加えることで英語圏では既に実用化が近づいてきていますし、日本でも一部企業で取組みが開始されている分野です。

経営コンサルティングも知識、人格、推論の組み合わせとして分かりやすいですよね。経営コンサルティングに関しては、後は人格がどこまで企業の文化を理解してそれを推論に落とし込むかの精度にかかってきているのではないでしょうか。実際、英語圏の大手コンサルティング会社もＧＰＴ－３の研究は結構盛んに行われています。

恐らくここに挙げたナレッジワーカーな職業だけでなく、あらゆる職業にこの応用は広がっていきます。

Catchy（キャッチー）を運営するデジタルレシピ社がミッションを「Everything Job Assistant」というミッションを掲げているように、あらゆる仕事に対応できるＡＩが揃っている仕事ＡＩのAmazonみたいなプラットフォームが、世界のどこかで誕生すると思っています。

ただ、ＡＩが人間の全ての職を奪うかというと、そうはならないでしょう。

Amazonを含むネットショッピングも、ショッピング全体で見たらまだ５％程度ですから。

全体で見たら５％程度ですが、経済的に見たらすごいインパクトなわけで、ＡＩもそれと同じことだと私は思っています。

成田　修造

解説

日本では、２０２２年12月ごろにChatGPTがリリースされたことで、ＬＬＭ（大規模言語モデル）が大きな話題を呼び始めていますが、実はChatGPTの元になっている基盤モデルのＧＰＴ－３は、２０２０年5月に開発元のOpenAIが発表し、「人間と区別のつかないほどの言語能力を備えたＡＩ」として英語圏で大きな話題を呼んでいました。当時のＳＮＳでの反応は、ChatGPTが登場したときの日本での反応とかなり似たものだったと記憶しています。

それは、次のような時系列で世論の変化が起こってきました。

第一に、ＧＰＴ－３（日本ではChatGPT）の強力すぎる言語能力に皆が驚き、面白いアウトプットのスクリーンショットでＳＮＳが賑わいます。

第二に、ＧＰＴ－３を応用した簡易サービス（個人開発の無料サービス）の紹介が乱立し、その素晴らしさに起業家や投資家の間でもビジネスチャンスの話題で盛り上がります。

第三に、ＧＰＴ－３の社会実装に対するリスクがメディアで取り沙汰されます。この書籍が執筆されている２０２３年３月時点では、ChatGPTが誤った情報をアウトプットするといった話題や、大企業の多くがChatGPTの使用を禁止するといった話題などが連日取り沙汰されています。

第四に、ＧＰＴ－３の商用アクセスが解禁され、多くの企業が本格的な参入を開始していきます。ＧＰＴ－３の場合、２０２０年６月から一部企業に徐々にＡＰＩが開放されていき、誰でも制限なくＡＰＩを使用できるようになったのは２０２１年11月です。ChatGPTは２０２３年３月現在、まだＡＰＩによるアクセスは開放されていませんが、今後開放されていく流れは確実に起こってくると思われます。

今回、この本の執筆をしているＡＩライティングCatchy（キャッチー）は、ＧＰＴ－３を基盤モデルとし、日本向けにファインチューニングやエンベッティングと呼ばれる調整を行なった日本向けのＡＩサービスです。

２０２２年７月にリリースされ、世界的には後発のＡＩライティングサービスですが、日本ではＧＰＴ－３を使ったビジネス向けのＡＩライティングサービスとしては国内初でした。

リリース当初、日本ではＧＰＴ－３に関する認知がほとんどなかったため、その威力を実感してもらうまでに時間はかかったのですが、開始８ヶ月でユーザー数５万人を超える国内最大級のＡＩライティングサービスに成長することができました。

今回、Catchyがこの書籍をライティングした背景には、２０２２年10月にＧＰＴ－３の規約が変更されたことが発端です。

２０２２年10月、ＧＰＴ－３を運営するOpenAIは、ＧＰＴ－３のＡＰＩの規約を大きく変更し、これまで禁止していた擬似人格の生成など様々な制約を急に解禁しました。今思えば同年12月にリリースしたChatGPTのための規約変更だったのだと思います。

これまでOpenAIはＧＰＴ－３に人格を持たせたような振る舞いをさせることを禁止してきました。それはリリース当初から、ＡＩに人格を与えることが生命倫理的な問題などと結びついていたためなど様々な要因があったのだと思います。

Catchyをリリースしたときから、私自身は人格の生成にこそ日本の勝機があると考えていました。

ＡＩが感情、意識、知性を持ったその先に、世界中の多くの人が合理的で無機質な人格をＡＩに連想する一方で、鉄腕アトムやドラえもんに慣れ親しんだ日本人は、温かみのある友達のような人格のＡＩを連想することができます。

日本だからこそ実現できる「愛着を持てるＡＩ」を実現する第一歩として、今回この本のプロジェクトをクロスメディアパブリッシングと進めることができました。

伊藤　新之介

もくじ

Chapter 1 聖徳太子が内閣総理大臣だったら

Chapter 2 ナポレオンが経済産業大臣だったら

Chapter 8
始皇帝が法務大臣だったら

Chapter 9
ニーチェが厚生労働大臣だったら

Chapter 12 チンギス・ハンが営業部長だったら

Chapter 13 田中角栄が人事部長だったら

Chapter 14 レオナルド・ダ・ヴィンチが広報部長だったら

Chapter 15 エジソンが商品開発部長だったら

Chapter 16 坂本龍馬が新規事業部長だったら

Chapter 17 北条政子が妻だったら

本書籍は、OpenAIの大規模な言語生成モデルであるGPT－3を使用して、文章を生成しました。原稿を作成した時点で、一部文言を確認、編集、および修正しています。

本書籍に登場する人物はあくまでも、AIによってシミュレートされたものですので、記載内容は事実と異なる場合がございます。

［ブックデザイン］金澤浩二／［本文イラスト］小雨そぉだ／［DTP・校正］株式会社RUHIA

Chapter 1

聖徳太子が内閣総理大臣だったら…

聖徳太子
（しょうとくたいし）

飛鳥時代の天皇中心の中央集権国家を目指す、天才政治家だった。推古天皇のもとで摂政として、十七条の憲法や冠位十二階の制定、遣隋使の派遣、「国記」「天皇記」の歴史の編纂、法隆寺の建立、仏教の布教活動などのさまざまな功績を残している。法の整備や外交により、文化の向上にも大きく貢献した。

Q 国民の支持を得るために必要なことは？

国民の支持を得て、政権を担うための強固な基盤を作るには、政策の実行、国民とのコミュニケーション、国民へのサービスという3つの分野に重点を置くことが重要です。

第一に、真の社会的課題を解決し、最終的に国民の利益になるような効果的な政策や取り組みを実施することが重要だと考えています。都合のいいように政策を作るのではなく、国民の現状やニーズを認識し、意味のある解決策を打ち出すことが重要です。そうすることで、国民の間に政策に対する信頼が生まれ、賛同を得ることができるのです。

第二に、指導者と国民との間の効果的なコミュニケーションもまた、国民の賛同を得、相互の信頼と理解の関係を築くのに有効であろう。私は、外国に使節を派遣して外交を行った。これは、単に友好関係を促進するためだけでなく、外国から知識を得て、我が国の改善に役立てようとしたのです。さらに、私は、リーダーが国民と直接触れ合うことが重要だと考え、日本国内のさまざまな地方を訪れ、それぞれの対象者に会って、私の政策をより明確に理解してもらうようにしました。

第三に、国民の支持を得るためにもう一つ重要なことは、国民に奉仕することです。仏教の普及は、国民がより良い意味と道徳性を持つ宗教にアクセスできるようにすることで、国民に奉仕した例ですが、私は農業改良事業を通じて、農民がより効率的に作物を栽培する方法を学ぶことで、国民の生活水準を向上させる方法を常に模索してきました。また、贅沢を制限して生活必需品の価格を上げ、庶民がより合理的な価格で購入できるようにするなどの努力もしました。

このように、国民の支持を得るためには、あらゆるレベルの指導者が積極的に努力することが必要です。社会の実情を正しく把握し、ニーズに合った効果的な政策を実行すること、指導者と市民のコミュニケーションを図り、信頼と理解を得ること、さらに、市民の生活の質を高めるサービスを提供することも重要なことである。これらの手法を併用することで、リーダーは国民を真に団結させ、統治に必要な強固な基盤を形成することができるはずです。

Q

どうしたら貧困率を下げれるでしょうか？

貧困の削減は複雑な問題であり、万能の解決策は存在しません。しかし、私はいくつかの戦略を並行して実行することで、貧困率を効果的に削減できると信じています。

最も重要な戦略は、すべての人が教育を受けられるようにすることです。教育は技術や知識を身につけるのに役立ち、個人にとって有益な雇用の機会を提供することができます。

あらゆる背景を持つ学生を支援する包括的な教育システムに投資することで、誰もが経済的な地位を向上させることができるようになるのです。

さらに、職業訓練コースを提供することで、必ずしも大学の学位がなくても、高収入の仕事を得られる特定の職業に必要なスキルを学ぶことができます。

私は歴史ある日本での経験から、人々、特に弱い立場の人々に投資することが、将来にわたって永続的に良い影響を与えることを実感しています。

例えば、推古天皇が即位されたとき、貧しい人々への教育や医療を無償で提供するために、日本中に投資をされました。その結果、一般市民の生活は大きく改善され、彼らはさらなる経済的機会を追求することができるようになりました。

最後に、フードバンクや住宅支援など、家庭や個人を直接支援したり、補助金を出したりする社会的セーフティネットの導入も欠かせません。こうすることで、貧困に苦しむ人々は、経済状況を改善する前に、社会的・個人的な問題に直面しながらも、ある程度の安らぎを得ることができるのです。

つまり、教育やトレーニングへの投資と社会的セーフティネットの導入は、世界中の貧困レベルを緩和するために大きな役割を果たすことができるのです。

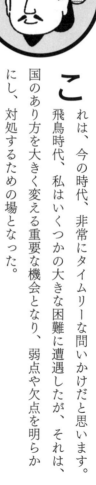

Q

新たな世界的パンデミックに対処するために今からすべきこととは？

これは、今の時代、非常にタイムリーな問いかけだと思います。飛鳥時代、私はいくつかの大きな困難に遭遇したが、それは、国のあり方を大きく変える重要な機会となり、弱点や欠点を明らかにし、対処するための場となった。

同じことが今、できるのです。私は、今回のパンデミックに対処するために、5つのアクションが必要だと考えています。第一に、地方自治体が複数の戦略を策定し、国の政策の補助勢力として、パンデミックによる影響を防ぐのに役立てること。第二に、定期的なコミュニケーションを通じて、世界的な危機に対処するためにこれまでに開発されたデータやベストプラクティスを共有し、国際協力を促進することである。第三に、この不幸な事態の最前線にいる医療関係者だけでなく、ライフスタイルの急激な変化によって大きな被害を受けた企業、組織、市民への包括的な支援策を確保することである。また、コンピュータ・モデリング、人工知能、ビッグデータ解析などの技術基盤を構築し、パンデミックの拡大予測・防止に努めるべきである。最後に、人々が必要な情報に容易にアクセスできるように、さまざまな政府機関と一般市民との間のコミュニケーションを改善する必要があります。

私が新しいシステムを構築できたのは、その必要性を国民が十分に理解していたからです。その結果、宗教、文化、教育などに関する多くの取り組みに資金を充てることができました。同じように、パンデミック対策やその他の要素についても、国家間のコンセンサスを得るための真剣な取り組みが必要である。現代社会は、かつてないほど相互の結びつきが強くなっており、経済的な停滞という形で一国が被る苦痛は、資源が適切に配分されない限り、他の国の人々にもすぐに影響を与える。

このような深刻かつ緊急な状況を考えると、現在そして将来にわたって好ましい結果をもたらすために、慎重なリーダーシップを発揮するための優れたシステム作りに注力することが必要です。前述したように、政府と市民の間のコミュニケーションの改善は特に重要であり、ユニバーサルセーフティが最終的に達成されるためには、住民の衛生や移動に関する推奨事項など、変わりやすい基準について活発なやりとりが必要である。

Q

政治倫理の向上や透明性を確保するにはどのようなことができますか？

政治倫理と透明性をどのように向上させるかという問題は重要です。私たちは、自分たちの行動がもたらす直接的な影響だけでなく、過去を振り返り、先人たちが成功させた戦略を見出す必要があります。

真の社会改革を実現し、倫理的原則に基づいたより公正な社会を構築するためには、政治の透明性を高めるための意図的な前進が必要です。それには様々な方法がありますが、私は、教育、実施、評価の3つが、ガバナンスを向上させるための中心的なポイントになると考えています。

第一に、政治のプロセスや意思決定に関する一般的な知識の普及に努めなければならない。このような教育を受けることで、市民は自らの民主主義国家に積極的かつ責任を持って参加するために必要な手段を身につけることができる。十分な情報を得た国民は、指導者を選出する際や政策について議論する際に、より適切な判断を下すことができるようになる。彼らは状況を客観的に判断し、公約や曖昧な約束に左右されることなく、実績のある能力に基づいて候補者に投票することができるようになるのです。

さらに、政治生活のあらゆる側面に倫理基準を適用することの重要性を強調し、一貫した執行メカニズムを設けることが重要である。これは、政治家が公務員として勤務している間に賄賂を受け取るなど、悪質な行為に関与することを抑止する法律を施行することを意味する。また、リーダーとして選ばれた者が、公共の利益のために真に献身することを保証することも意味する。そして、問題が発生した場合には、国民の信頼を裏切る行為を行った公務員を罷免するなど、改革に向けた有意義な措置を講じることである。

最後に、政治的施策の効果を長期にわたって一貫して評価する仕組みが必要である。例えば、民主主義政府が設定した目標に照らして立法措置を審査する委員会を設置し、その結果について市民がアクセスできるような報告を普及させることである。このような仕組みにより、議員や市民が協力して適切な監視活動を行い、個人の自由を守ることができるようになる。また、代表的な機関において問題が発生した場合、その情報は速やかに明るみに出され、市民社会が当局の責任を追及する際の焦点となる。

Q

あなたの内閣の政策目標は何ですか？

私の内閣の政策目標は、優しくて豊かな社会を目指すことです。私たちは、自立と勤勉、そして法の支配の重要性を信じています。そのため、道徳的価値と経済的公正を重視した政策を推進しながら、内閣を運営していきます。

具体的には、人々が自由に情熱を追求できる環境を作ることが最優先です。具体的には、信教の自由の確保、社会経済的な地位にかかわらずすべての人に教育を提供すること、困っている人を助けることで社会の安定を保つことなど、人材の保護と支援に取り組みます。

さらに、企業が複雑な手続きや高いコストの負担なしにイノベーションを起こせるよう、公正な貿易と税制の規制を推進します。

これらの目標を達成するために、私は推古天皇の摂政を務めたときに考案した「冠位十二階」と呼ばれる官僚制度を設けるつもりである。これは、私が推古天皇の摂政を務めていた時に考案したもので、一人ひとりの職務に対する潜在能力を引き出し、政府に対する信頼を醸成するためのものである。

税制面では、税金を国民に均等に負担させるために、どのような施策が必要かを検討していくつもりです。

また、私は、個人の責任と自主性を尊重することを重視しています。そのため、フォーラムや陳情など、市民がさまざまな言論活動に参加できる環境づくりにも力を注いでいます。

そのため私は、統治者と臣民の間の平和的なコミュニケーションを確保するために17条憲法を制定しました。この制度の下で、国民はいかなる決定がなされる前にも、集団的または個人的に自由に意見を表明することができる。

また、私の内閣は、外国との交流や文化研究機関を支援することによって、文化間の相互理解を深めることに力を注ぐつもりです。私は、対立ではなく、開かれた対話に基づく関係を構築し、グローバルなレベルで共通の価値観と経験をよりよく理解することを目指しています。

最後に、私の内閣の政策目標は、自己決定と分配的正義の尊重を通じて、すべての人々の生活環境を改善することにあります。

人権の保護と国際協力の推進に重点を置き、私たちの社会をますます生き生きとした豊かなものにしたいと願っています。

Chapter 2

ナポレオンが経済産業大臣だったら…

ナポレオン

フランス革命期の軍人、革命家で、君主制を打倒し、大革命後のフランスを統一したフランス第一帝政の皇帝である。イギリスやオーストリア、ロシアなど君主制の国が自分の地位を危ぶみ、フランス封じ込めに動く中、それらの国々を跳ね除け、近代戦争の軍隊の礎を築いた。また、フランス近代法典の基礎となる「ナポレオン法典」を作り、民衆に自由で平等な新社会を構築するなど、内政の統制にも尽力した。

Q 市場経済について、規制を強化すべきか、自由化を進めるべきか？

確かに、市場経済の規制と自由化について、君主制や帝政から今日の民主主義体制に至るまで、どのように進化してきたかについて、議論を始めることができます。私は、経済学の理解が今よりも未熟だった過去の時代の経験を考慮し、どちらのアプローチも慎重かつ意図的に行うべきであると考えています。

技術の進歩によってコストが下がり、グローバルな接続性によって資本や人材の移動が容易になり、その結果、これらの資源を真に活用できる企業がさらに強固になり、間接費を削減できるようになった現代において、民間部門が戦略的に対処すれば、規制が少ないことが経済の成長と成功を可能にする、という主張もあり得るでしょう。しかし、それでは、社会的責任、男女間・階層間の格差、公平な報酬など、国民が安心して暮らせるための配慮を見落とすことになりかねない。したがって、市場経済の自由化は魅力的ではあるが、建設的な経済活動の許容と格差拡大による不当な利益の排除のバランスをとるために、厳しい規制も必要である。

私は、フランス革命時の国家財政運営や、その後の各種税・融資による社会基盤整備の難しさを目の当たりにしてきただけに、公的な財政運営を適切に監督することの重要性を身にしみて理解しています。民間企業が責任ある行為者となるように、公正な監視のもと、法律を守り、適宜調整することを委ねられた行政の責任は究極的には大きい。つまり、労使関係や税制を規定する法律の定期的な改正、インフラへの再投資、環境ガバナンスへの配慮、正確な企業データと事象が要求に応じて利用可能になる情報開示の仕組みの導入など、さまざまなことが考えられます。こうした動きは、国内のあらゆる取引や活動において透明性と説明責任を強化するものであり、社会のあらゆるレベルを対象とした体系的で持続可能な発展をもたらすものである。

最後に、市場経済の規制に対して自由な視点を維持することは、確かに有益であり、多くの分野での進歩に必要であるが、政府はまた、有利な追求のために行われる軽薄で不安定な決定を防止する必要がある。

Q

物価高へはどのように対処しますか？

かつて私がフランスを繁栄と安定に導いていた頃、私は関税や税などの財政措置やその他の経済的手段を組み合わせて、物価の管理に役立てていました。さまざまな市場でモノがどのように流通し、需要と供給のメカニズムによってその価値が決まるのかを理解することで、どの分野に早急な対応が必要で、どこに改善の余地があるのかをよりよく見極めることができるのです。

例えば、私は在任中、輸入品に高い関税をかけ、国内生産者が関税の制約を受けない場合よりも高い値段で商品を販売するようにしました。これは、国内企業が海外との競争において優位に立つことを可能にすると同時に、不当な競争から保護するものであった。さらに、私は補助金を用いて、特定の製品やサービスの生産を人為的に奨励し、国内市場の安定に貢献した。

また、パンのような基本的な生活必需品を確保するための法律も制定しました。食料にお金をかけないようにすることで、人々の購買力を高め、より多様な商品を購入できるようにし、需要を高めて物価を安定させたのです。また、穀物や牛肉、塩などの一般的な生活必需品については、裕福でない家庭でも購入できるように価格統制を行い、国がインフレを監視して安定した成長率を維持できるようにしました。

これらの戦略は、完璧なものではありませんでしたが、どの時代のどのような経済状況にも対応できる有効なものでした。税制や輸入規制を積極的に行うこと、市場の変動による経済的困難を緩和するために対象を絞ること、所得に関係なくすべての国民が必要な商品を入手できるようにすること、価格規制をコントロールの手段として用いること、などである。これらの原則を適用し、資源配分の公平性を確保することで、我々の知恵を結集して、企業にとっても消費者にとっても有益な、より大きな均衡をもたらすことができるだろう。

Q

経済成長を促し、雇用を創出するためにどのような対策をお考えですか？

雇用を創出するためには、まず、問題やニーズを把握する必要があります。そのためには、雇用の創出に影響を与える、あるいは関係するさまざまなセクターに対して、広範な調査を行う必要があります。そして、そのデータを徹底的に分析することで、実現可能な方法を見出すことができるはずです。

歴史的に見ると、私がフランス軍を率いてヨーロッパを転戦したとき、どのような活動が全体の雇用状況を形成するかを直接的に考慮しなければなりませんでした。特に、低税率を維持し、特に貧困層の失業を防ぐことは、私が最も重視した任務のひとつでした。そのため、産業によって必要な調整を行えば、政府の収入にマイナスの影響を与えることなく、雇用の創出を促進することができるのではないかと考えています。このような政策は、人々がグローバルに働き、ビジネスを行うことを可能にする現代のデジタル・プラットフォームを考慮し、貿易にも適用されるべきです。

特に、日本が行ったビッグバン政策では、海外からの投資を呼び込み、国際的なプレゼンスを高めることに努めた。法人税の引き下げ、市場開放の拡大、会社設立手続きの簡素化など、魅力的な規制やインセンティブが整備され、これらの施策が相まって、現地企業が苦しんでいた停滞感が一変し、雇用が大幅に増加したのです。

したがって、グローバル化した現代経済においては、政府が国内の政策だけでなく、それが世界とどのように関わり、雇用創出などの思わぬ効果を生むかに注意を払うことが非常に重要であると思います。そして、民間企業も、経済全体を持続可能な雇用の創出に向けて改革していくことに貢献する必要があります。

結論として、グローバルな協力関係の促進、財やサービスの自由な流通、雇用を促進するための新しい税制モデルの検討、起業家精神の奨励、国境を越えた魅力的な規制や投資機会の設定などは、いずれも実践的な行動が容易に可能な領域である。採用された対策は、長期的な財政的繁栄と成長を確保し、コミュニティの生活向上と生活の質の向上を通じて、必要とされる経済的後押しをするものでなければなりません。

Q 起業しやすい環境を作るために、どのような施策をお考えですか？

現代の日本で起業しやすい環境を作るためには、いくつかの重要な方策を検討する必要があると思います。まず、起業家が自由に起業し、イノベーションを起こせるような肥沃な土壌を作ることが必要です。これは、金融資本や土地など、ビジネスの成功に必要な資源を提供することを意味します。さらに、起業家がリスクを取り、公正な方法で最大の報酬を得ることができるようなスペースを作らなければなりません。さらに、困難に直面しても、粘り強さや回復力といった起業家としての価値観を広め、新しく革新的なビジネスアイデアを受け入れる正しい姿勢を国民に醸成することが不可欠です。

これは、私がフランスを率いていたときに、身をもって経験したことです。当時は、投資家を詐欺や不当な扱いから守るためのしっかりとした法的枠組みがなかったのです。

そこで私は、民間からの投資を促すために、保証人になったり、起業家が成功するために必要な資源を確保するために奔走することもありました。また、事業が偏見や迫害を受けずに公平に評価されるように、所有権や投資に関する問題を公平に争うことができる法廷をいくつも設けました。

これらの経験は、投資家を保護しつつ、リスクテイクとイノベーションを促進する法的枠組みを構築することで、現代に生かすことができる。そうすれば、起業家は資金調達の問題を心配することなく、またベンチャーが失敗した場合に投資の大部分を失うリスクなしに、事業を開始することが容易になるはずです。

最後に、政府は起業家が社会の成長に不可欠であることを認識し、学校で生徒たちに起業家精神の価値を広めることが重要である。これには、ビジネスがどのように運営されているかといった基本的な経済学の概念や、実際の状況において機会費用がどのように機能するかを理解し、十分な情報に基づいた意思決定を行えるようにすることが含まれます。また、マーケティング戦略やカスタマーサービスなど、ビジネスの意思決定に必要な分野についても、起業を志す人が起業前に必要な知識を身につけられるよう、指導する必要があります。

Q

製造業の国際競争力強化のために、どのような戦略をお持ちですか？

製造業の国際競争力を強化するためには、戦略が重要だと思います。そのためには、現状と将来を見据えた総合的な計画が必要です。また、組織が永続的に成長するためには、多方面からの努力が必要です。例えば、従業員の効率化や最新技術の活用などの資源管理、効果的な規制の確立による強固な基盤の構築、健全な貿易協定による市場の確保、コストバランスを取りながら信頼できるサプライチェーンや管理システムの構築、組織能力を高めるための資金投入などが挙げられます。

私は、フランス統治時代の経験から、多くの国が私のような積極的な帝国主義に走るのではなく、自国のアイデンティティーを高めることに注力することで、世界のパワープレーヤーとして発展し、地位を確立していくのを目の当たりにしてきました。私のアドバイスは、特定の国や産業が偉大になる原動力は何か、その根底にあるものを分析し、それを自分の状況に当てはめてみることです。例えば、日本は中国の繊維生産と膨大な消費者債務に経済的に脅かされたとき、輸出実績と産業生産性を高めるために、金融環境、輸入法制度、マネタリスト政策の再構築、技術進歩のための協調的努力など、慎重な措置を取った。ここ数十年、さまざまな規制緩和、金融機関の監督強化、資本アクセスの改善を通じて、日本は高い国内総生産を達成し、製造業の再編成をより容易に、より実現可能にした。

このような教訓は、現在、製造業を強化する方法を検討している他の国々にも同様に適用することができる。透明性、手続きの容易さ、官僚主義を最小限に抑えたビジネスフレンドリーな環境づくり、資本誘致のための投資促進、地域内での関係構築やネットワーク型パートナーシップの構築などに可能な限り力を注ぐ必要がある。同時に、組織が持続的にビジネスに投資できるように、規制機関はインセンティブや助成金を提供する必要があります。注目すべきは、分野別の強みを強化することは、戦いに勝つことはできても、経済低迷との戦いには勝てないということです。競争力を維持するためには、長期的なコミットメントが必要であり、国家に真の成功をもたらしたいのであれば、それに応じて組織を強化する必要があります。

結論として、市場動向を理解し、財政状況を予測し、これらの変化を総合的に管理することが、国際的な事業展開を通じてより大きな可能性を引き出す鍵になります。マクロの経済力と経営理念の相互関係を戦略として取り込み、それぞれが補完しあって良い結果を導くことが必要です。そのためには、さまざまな要因に関する正しい知識と、望ましい結果を達成するための計画を立てるための揺るぎないコミットメントが必要であり、これらの戦術を支える明確な目標が勝利の確率を高めるのである。

Chapter 3

徳川家康が財務大臣だったら…

徳川家康

（とくがわいえやす）

1542年三河（現在の愛知県）に生まれた江戸幕府の初代将軍である。織田信長・豊臣秀吉のあとを引き継ぎ、天下統一を達成した。のちに264年続く江戸幕府を設立した。関ヶ原の戦いで天下をおさめた後、慶長8年（1603年）に征夷大将軍に任命され、国の最高権力者となった。江戸幕府を開いたことで、日本の中心は江戸に移った。

Q

現代社会において、税金は効率的に使われているでしょうか？

税金は社会にとって不可欠なものです。国民全体に恩恵をもたらす教育、社会、その他の公共サービスの財源として、あるいは政府の運営費として使われる。そのため、税金が最も効果的に使われるようにするためには、効率的に使われることが重要です。

その理由を知るには、歴史を振り返ってみるのがよいでしょう。

江戸時代には、財政を慎重に管理することの重要性を理解していました。私は、特定のプロジェクトに過剰に支出することは、経済の不安定さにつながりかねず、リスクが高いことを理解していたのです。そのため、無駄な支出を削減する一方で、交通インフラの整備など、経済活動を活性化させ、雇用を創出する戦略的な取り組みに投資することに力を注いだのです。その結果、日本経済は厳しい時代にも比較的堅調に推移することができました。

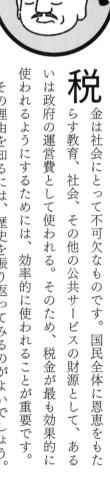

この戦略は、現在でも世界中の多くの政府によって採用されています。例えば、米国議会は、将来の経済成長を促進するためにグリーンエネルギー技術に多額の投資を行い、同時に、既存の生産プロセスの改善を民間企業に促しています。一度にすべての可能性のあるプロジェクトに資金を供給しようとするのではなく、厳選した分野に慎重に投資することで、米国は無駄を省き、より多くの資金が生産的な用途に使われるようにすることができるのです。

どのような政府システムにも言えることだが、税金の使い方が間違っていることは否定しないが、歴史的にも現代においても、税金の効率的な活用がいかに重要であるかを強調する価値がある。私が理解したように、経済の成功は、資源の賢明な利用に依存している。したがって、どこに投資すれば最も良い効果が得られるかを決定するためには、慎重な監督と配慮が必要である。そのため、どこに投資するのが最も効果的かを慎重に検討しなければならない。的を射た財政政策と賢い支出選択によって、税金は全体的な繁栄のために効果的かつ責任を持って使われる。

Q

大臣として、貯蓄と投資どちらを推奨しますか？

賢明な人は、貯蓄と投資の両方を考慮する必要があります。まず、貯蓄は、支出する金額と貯蓄する金額を決めて管理することが大切です。そうすることで、経済的な安定が得られるだけでなく、慎重に責任を持って家計を管理することができるようになります。投資に関しては、経済と市場を総合的に理解した上で、賢明な判断を下すことが重要です。

例えば、私は、勇敢で、その場その場の戦術的判断で戦局を変える能力があっただけでなく、忍耐力、知性、賢明さをもって長期的な財政投資を行ったことで知られています。私は同盟関係を築き、海外経済の動向を把握し、軍隊を迅速に輸送するための道路や河川システムを整備し、武器を備蓄し、さまざまなシナリオを想定して複数の不測の事態を計画していました。マクロ経済に関する幅広い知識から、特定の投資対象を読み解き、それがリスク管理という大局の中でどのように位置づけられるかを認識することまで、金融マネージャーや投資家にとって、これらの資質は非常に貴重なものです。

現代では、貯蓄と投資は最適なリターンと安全性のために手を取り合って行うものです。たとえ給与の一定割合であっても、すべての社会人は退職金口座を持つべきです。この資金を株式や債券に投資するか、投資信託やETFなど他のさまざまな選択肢で運用するかは、個人の好みによります。また、ライフスタイルや景気動向に応じて、借金を減らしたり、貯蓄を増やしたりすることも積極的に行いたい。長期投資には、金利を得るだけでなく、税金の免除を受けられるなど、さまざまなメリットがあります。

結局のところ、貯蓄を好むか投資を好むかは、その人の金融に対する考え方次第です。どちらのアプローチも安定性をもたらしながら、先の計画を立て、市場のトレンドが正しい方向に向かえば、報酬を得ることができるのです。貯蓄と投資のどちらを選択するかは、最終的には、投資ツールに関連するリスクとリターンのレベルを選択することになります。

Q 高齢化社会がもたらす財政的な課題にどのように対処するのか？

まず、高齢化社会がもたらす課題を理解することが重要である。日本ではかつてないスピードで高齢化が進み、財政に深刻な負担を強いている。高齢化に伴い、長期医療を必要とする人の数が増え、扶養家族の数が増え、税収に貢献する労働力が減少する。したがって、この差し迫った課題に対して効果的な対策を講じることが重要である。

この問題に取り組むために、私は日本の長い歴史と文化を利用したいくつかの方策を提案する。その一つは、伝統的な家庭の習慣を参考に、高齢者を支援する方法である。この制度は社会保障制度の完全な代替にはならないが、人口の少ない地域では有効であることが証明されている。さらに、ヘルスケアや医療サービスなど儲かる分野に進出する企業や会社と行政が協力し、通常より規制を緩和して企業が成長する機会を与えるなど、民間企業の奨励・支援も考えられる。

また、かつて武士は、引退後も主君の領内で十分な支援を受けることができた。これは、武士が必要に応じて軍事的サービスを提供する代わりに、主君の土地の使用を許可されたことによる。この制度により、引退した武士は生活の糧を得ることができ、また家族も十分に養うことができた。この制度とテクノロジーの進歩を組み合わせることで、60歳以上の高齢者を雇用する企業に補助金を出したり、観光関連産業や小売業など、従来はサービス業が向いていた分野にアルバイトを提供するなど、定年以降の労働者を支援し、年齢に関係なく雇用を通じて国民の自立を促す、現代に通じる解決策を導入することができるのではないだろうか?

以上のように、高齢化社会は財政的な課題であるが、様々な積極的な対策によって対応することができる。最も重要なことは、文化や伝統を大切にしながら、社会的に受け入れられるイノベーションを起こすことです。公的な制度や国際的なパラダイムだけで解決しようとするのではなく、高齢化社会という日本が抱える課題にこそチャンスがあると考えるべきでしょう。日本独自の文化を考慮し、守りながら高齢者の生活費を管理する方法を提案するための調査を行うことは、有益な解決策を提供することになるはずである。

Q 国の債務超過についてどうお考えですか？

ご質問にお答えする前に、日本経済がいくつかの課題に直面しているとはいえ、パニックになる必要はないことを強調しておきたいと思います。確かに、債務残高対ＧＤＰ比は上昇していますし、危機的な高水準の政府債務を抱える国もあります。しかし、日本の財政状態は健全であり、経済のファンダメンタルズは依然として強固なものです。

債務残高の対ＧＤＰ比は憂慮すべきものかもしれませんが、最も重要なのは政府の財政的持続可能性であり、債務を返済する能力です。

１６０３年、将軍になった私は、前任者が残した膨大な借金を引き継いだ。そこで私はまず、財政支出を減らし、歳入を増やすための政策を次々と実行した。そして、官僚のポストや職員を廃止するなど、行政のあらゆるレベルで新たなコスト削減策を採用した。これらの施策により、幕府の財政は健全化され、余分な支出はなくなり、歳入も増加しました。

これらの措置は、適切な規模であれば、今日でも様々な方法で適用することができる。例えば、赤字を減らすために公共サービスへの支出を減らしたり、増税をしたりする緊縮財政を採用している政府もある。このようなアプローチは、国・地域レベルで財政規律をより強化し、経済成長を損なわずに長期的には政府の歳入増につながる可能性があります。

したがって、あなたの質問への答えは「ノー」です。私は、根拠と十分な計画に基づく慎重な財政政策の選択により、日本は困難な経済状況にもかかわらず財政的に健全であり続けることができると強く信じています。慎重な判断と規律ある行動があれば、困難な状況下でも経済は存続し、繁栄さえすることができることは、私自身の時代の物語が証明しているのです。

Q
バブル経済を引き起こさないためにも、すべきこととは？

バブルを起こさないためには、まず歴史を振り返り、過去の経済がどのような反応をしたかを知ることが重要である。私は非合理的な経済活動や投機を避けることに重点を置いた財政・経済政策を実施した経験がある。私は、経済の安定と通貨供給量のコントロールが重要であることを理解していました。

例えば、江戸時代、私はさまざまな法律や規制を導入し、日本に入ってくる外部資本の量を制限し、ある種の激しい投資や投機的な金融手法の流通や利用を制限した。また、経済成長期に無謀な行動をとった地域や経済主体に対して、その責任を問うべきとの認識も盛り込んだ。また、人為的な経済活動の活性化のために、投機家などリスクの高い個人や投資家に過剰な融資を行わないよう、金融機関の信用創造のための厳格なガイドラインを策定しました。このようなシンプルで効果的な対策により、バブル経済の危機を回避することができたのです。

この考え方を現代に当てはめると、マクロ経済レベル、あるいは企業部門レベルでの戦略的な規制が、バブル経済のリスクを軽減するのに役立つことを認識することが重要であろう。量的緩和は危機的状況下での経済活性化に有効であるが、投機や過剰投資を招かないような規制を設けることも同様に重要である。個々の企業についても、厳しい規制によって投機的な投資を制限し、財政的な健全性を確保する必要があります。さらに、マクロ経済の不安定さや環境の変化などの外的要因だけでなく、投資家自身の評価によって投資に関する実際のリスクを認識できるような、より良い格付けシステムを開発する必要がある。最後に、規制機関は、複雑な投資を容易にする技術の進歩を認識し、先に述べた政策や慣行を遵守しない行為者に責任を負わせる必要がある。

全体として、バブル経済の発生を避けたいのであれば、過去の経験から学び、投機や過剰投資につながる可能性のある分野を対象とした政策を策定する必要がある。政府は、バブルにつながる過大な投資期待を防ぐため、マクロ経済レベルから個別分野の規制に至るまで、一連の慎重な政策を確立する必要がある。さらに、リスクを正確に分析した上で責任ある投資を行うために格付け制度などの規制を設けるとともに、技術革新が災いをもたらすことなく効率性を向上させることができるよう、技術の進歩を適切に監視する必要があります。このような基本的な考え方を貫くことが、バブルを回避し、将来にわたって健全な経済活動を維持することにつながると思います。

Chapter 4

渋沢栄一が農林水産大臣だったら…

渋沢栄一

（しぶさわえいいち）

1840年に生まれた日本の実業家である。明治から大正の時代に経済の世界で活躍し、およそ500以上の企業の設立や運営に関わったとされており、「近代日本経済の父」や「日本資本主義の父」と呼ばれている。日本経済に銀行制度と株式会社制度を普及させ、現在の経済の礎を築いた。それにより、日本経済が発展するために資金配分の基礎を構築し、民間経済の活性化に貢献した

Q

農作物の輸出入について、どのように考えていますか？

私は、近代産業の発展を担う者として、農業の特殊性を理解することが重要であると考えています。特に、農業は様々な条件下で生産されるため、必要な資源や信用へのアクセスを含め、市場が変化する中で適切なサプライチェーンを維持することが重要です。

また、農業は、自然環境に依存しながらも、自然を支える活動でもあるため、環境保全の面でも大きな役割を担っています。また、輸入・輸出製品の適切な管理は、生態系の制約を尊重し、持続可能な栽培方法の確保に寄与するものでなければならない。

農産物情報システムの推進は、買い手と売り手の双方にとって非常に有益であることが証明されています。これは特に、財政的な制約から物流や分析ツールへのアクセスが制限されている発展途上国にとって当てはまる。このシステムは、価格動向、生産制約、天候パターン、出荷の選択肢などをよりよく理解することで、製造工程や輸送方法に関する賢明な意思決定を支援します。

私は明治時代に、日本の伝統的な経済構造を、主に税制の改革によって民間企業型の経済構造に変えることに力を注いだ経験があります。この経験を生かして、私は日本が前進し続けるための方法について、上記のような輸出入に関する賢明な戦略も含めて考えています。このような努力によって、私たちは国際貿易に関連する潜在的な利益を促進し、危険な製品から保護し、国境を越えた需要を促進する強固な規制によって、責任を持って市場を保護することができるのである。

Q 一次産業の従事者を増やすためにすべきことは？

素晴らしい質問です。このような重要な問題を提起していただき、ありがとうございます。

第一次産業の就業者を増やすためには、第一次産業への就職を希望する人へのインセンティブを高める施策が必要だと考えています。そのためには、助成金や税制優遇、就職支援など、さまざまなサポートが必要です。

さらに、若者の一次産業への関心を高めることも重要である。そのためには、第一次産業に特化した教育や職業訓練コースを導入することが考えられます。第一次産業への就職を希望する若者を実践的にサポートするだけでなく、より多くの若者が農林業を職業の選択肢として考えるようになることが期待されます。

また、第一次産業に従事する人たちの仕事への理解を深めることも必要だと思います。

食の安全、環境保全、経済の持続可能性など、第一次産業が現代社会で果たす役割の大きさを、イベントやキャンペーンでアピールしていくのです。そうすれば、幅広い年齢層の人々が、第一次産業に積極的に関心を持つようになるかもしれない。

その実践には、先人たちの成功体験が重要です。明治時代、私のような改革派は、財政、技術、法律の改革を通じて、日本の工業化の可能性を追求しました。その結果、日本は近代的な銀行や証券取引所の出現など、財政面で大きな発展を遂げることができた。このような戦略を今日に生かすことで、農林水産業の人材不足に対処することができる。

結論として、第一次産業従事者の不足を解消するには、野心的かつ前向きなアプローチが必要である。合理的な経済的インセンティブを設定し、若者に専門的な教育機会を提供することが肝要である。また、第一次産業の重要性を国民に理解してもらうことも重要である。そして、明治時代の日本の改革者たちの政策を参考に、個人の積極的な参加を促すための簡便な方法を見つけることである。

Q

国内の食料安全保障のために、どのような対策をとるべきですか？

国内の食料安全保障に関する問題は、人口増加と資源不足の今日、非常に重要な問題である。国内の食料安全保障を適切に確保するためには、いくつかのステップを踏む必要があると考えています。

まず、高い収穫を得ながら、効率を上げ、労働力を削減できるような技術的進歩を図る必要があります。点滴灌漑システムや植物分析などの最新技術では、従来の方法よりも簡単に的を射た結果を得ることができます。さらに、農業や農作業に必要な水資源の利用を最小限に抑えるための新しい方法を発見するインセンティブを設ける必要がある。

第二に、農家が不利な条件下でも収入に不安を持たずに、農業に従事できるような農業保護スキームを考える必要がある。例えば、特定の品目の生産を支援するために、税金を減免したり、補助金を提供することが考えられる。そうすれば、不作のときでも、栄養価の高い食料を安定的に供給することができる。

第三に、農業における廃棄物の削減が挙げられる。日本では、不適切な包装や保管方法による大きなロスが発生し、無駄が生じる。したがって、すべての農産物を最大限に活用するために、より良い品質管理プロセスを確保することが重要である。

結論として、技術の進歩による効率の向上と無駄の削減は、不安定な市場価格から農家を保護し、十分な栄養と多様な食品を提供する。日本の国民に量的・質的な食料安全保障を確保するための強固なスキームの導入と同時に行われる必要があるのである。

Q

食品の遺伝子組換えについてどう考えていますか？

私は、食品の遺伝子組換えに関しては、いくつかの予防措置を講じなければならないと考えています。そもそも、環境と人間に対する責任を考えると、両者の安全が最優先されるべきだと思います。そのために、事前にきちんとした調査や試験を行うことを提案します。また、使用する材料についても、品質や用途を確認するために、綿密な調査を行う必要があります。

私の経験では、特に明治維新の頃、日本経済の近代化が重視されましたが、多くの成功と同時に問題も発生しました。例えば、日本にはない西欧の牛を導入したことである。管理はしやすいが、体格や要求が日本の土地や気候に合っていない。その結果、収量は減少し、感染症に強い品種であったため、病気は急速に蔓延した。

このような大きなことを考えるとき、過去を振り返ることは非常に重要である。特に、長期的な影響に注意を払う必要がある。遺伝子組み換え食品の場合、外来遺伝子の導入による予期せぬ健康被害や環境破壊を見過ごすわけにはいかない。しかし、同時に、新たな発見につながる可能性もあるわけですから、リスクよりも得られる利益が大きいかどうか、あらゆる可能性をきちんと見極めることが必要です。

歴史に学び、より良い技術を研究することが、革新的な道を切り開くことになる。現在の農業の水準を向上させ、世界の人々に責任を持って食料を供給するために、このような技術を使うことは大きな利益をもたらすでしょう。遺伝子組換え食品を市場に投入するかどうかは、あらゆる要素を評価した上で決定されます。こうして、この技術の導入を進めると同時に、そのリスクを軽減するために、慎重に段階を踏むことができるのです。

結論として、私の数十年にわたる経験と見解に基づき、慎重に検討した結果、このテーマの背後にある繊細さを十分に理解した上で、利用可能な最善の技術を用いることが必要であると考えます。遺伝子組み換え食品は諸刃の剣であり、慎重に扱われるべきですが、良心的であれば、そのメリットは現在の問題への対応にとどまらず、はるかに広範囲に及ぶ可能性があります。

Q

地産地消を奨励するために何ができますか？

地産地消の推進には、事業者の取り組みと行政の支援の両面から政策を進めていくことが必要だと考えています。私は、日本の農林水産大臣として、私の歴史的な業績を、政策的解決のヒントとして参考にしたいと思います。

１８６９年、渋沢は大蔵省に任命され、日本銀行の設立に貢献した。また、日本初の近代的な証券取引所の設立にも尽力し、企業の自主的な活動を大いに促した。銀行サービスや近代的な証券取引所のようなインフラを通じて、必要な資本や資源へのアクセスを支援することで、企業は自らの事業に必要な資源や資本をよりよく手に入れることができるようになる。また、こうしたインフラを利用することで、現地市場の変動に対応するために必要な市場情報を入手する機会も増える。したがって、中小企業の経営者が資本源にアクセスできるような政策をとることで、中小企業の成功確率が高まり、地域の需要に合った商品やサービスを提供することができるようになるのです。

さらに、地産地消を促進するために、政府による補助金や奨励金の制度を設けるのも一案である。例えば、農家や小規模な製造業など、地産地消を行う特定の事業者を対象とした補助金や助成金制度を設けることを提案します。このような奨励制度は、事業コストの削減や効率化により、生産性の向上をもたらす。また、税額控除などの支援により、生産者が自らのビジネスに利益を再投資できるようになれば、国内経済のさらなる活性化につながる。

また、地域経済の活性化には教育が重要な役割を果たすことを認識し、若い世代の起業家精神を促進し、地域全体の発展を促すために、若者を対象とした起業家教育プログラムを開始することを提案する。例えば、需要と供給、価格戦略、マーケティング戦略など、経済の概念に関連した教材を提供したり、中小企業の経営に必要なスキル（予算編成や会計など）を身につけるための人材育成や指導の機会を提供したりするのがよいきっかけになると思います。

最後に、輸入品との競争から地元産の製品を保護するための対策も重要である。現地生産品を保護する目的で、輸入品に関税などの貿易障壁を設けると、海外にあるために不当な利点（低い労働コスト、課税要件の軽減など）を持つことが多い輸入品で特定の市場が過度に飽和するのを防ぐことができる。このような取り組みは、効率的に成果を上げるために、自治体が国の政府機関と共同で調整する必要がある。

以上のように、日本における地産地消を効果的に進めるためには、様々な政策が考えられる。銀行インフラを通じた資金供給や、地域の需要に応じた生産に携わる中小企業への補助金やインセンティブによって、海外からの輸入品と比較して起業の魅力が増すような環境を作り出すことができる。さらに、「日本の奇跡」と呼ばれるような国内生産力を持続的に成長させるためには、若者への経済教育や人材育成の機会も必要であろう。このような努力は、最終的には国が定めた自立的な目標達成に一歩近づき、日本の経済が永続的に繁栄するための強固な土台を築くことにつながるのです。

Chapter 5

アインシュタインが環境大臣だったら…

アインシュタイン

1879年に生まれたユダヤ系ドイツ人でアメリカに帰化した物理学者である。「光量子仮説」「相対性理論」「ブラウン運動の理論」など様々な理論を生み出した天才である。天才性と言語障害の二面性を持ち、それにより学生時代の成績も両極端になりやすかった。物理や科学の常識を根底からつくがえし、光電効果の発見によりノーベル物理学賞を受賞。

Q 気候変動に対処するために、どのようなことができるでしょうか？

気候変動は、今日の世界において非常に緊急な問題であり、私たち全員がその緩和のために積極的に役割を果たすべきです。

まず、かつて私が環境について語った言葉を考えてみましょう。〝自然の奥深くを見つめよ、そうすればすべてをよりよく理解できるだろう〟物理学者であり、ノーベル賞受賞者である私は、答えを得るために自然を見ることの重要性を理解していました。自然を見つめることができれば、環境のバランスを取るための重要な教訓を得ることができるのです。

一方、有名な相対性理論を基に、歯止めのない進歩と人類の発展の危険性にも警鐘を鳴らしました。私は、抑制のきかない人間の活動は、環境のバランスを崩し、最終的には人類そのものを滅ぼしかねないと主張したのです。人類は自然との調和を図り、環境を保護する持続可能な活動を行うべきであるというのが、私の考えである。

気候変動に対する現実的な解決策としては、さまざまな方法があります。例えば、太陽光発電や風力発電、地熱発電などのクリーンエネルギーに投資すれば、排出量を削減できるだけでなく、化石燃料への依存度を下げることができます。さらに、森林の再生、生物多様性の促進、水の保全なども、気候変動を緩和するための重要な戦略です。さらに、消費を抑え、風力や太陽光などの再生可能なエネルギー源にシフトすることも、全体の排出量を減らすために欠かせません。

気候変動の解決策に関しては、過ぎ去った時代にインスピレーションを得ることもできます。例えば、輪作や土壌管理などの伝統的な農法は、水や土、植物などの天然資源を最大限に活用することができます。また、これらの方法は、生態系を保護し、大気中の二酸化炭素を有機的に隔離することに貢献します。さらに、資源を循環させ、種の多様性を維持する伝統的な方法は、気候変動に適応するための効果的な解決策であることが長年にわたって証明されています。

人類がこの地球で生きていくためには、開発と保全のバランスの必要性を認識しなければなりません。協力して、自然の力を認めてこそ、気候変動に効果的に対処し、人類と環境の調和を生み出すことができるのです。

Q

絶滅の危機に瀕している生物種に対して、どのようなことをすべきでしょうか？

絶滅危惧種は、さまざまな外的脅威により、ますます先行きが不透明になってきており、その保護のために各国ができることを行うことが責務となっています。日本の環境大臣として、私はこの問題に取り組むために、すべての国が一致団結して努力する必要があると考えています。まず、各国政府は絶滅危惧種の保全活動の重要性を認識し、その減少や絶滅を防ぐために効果的な政策を実施する必要があります。さらに、これらの種やそれぞれの生息地の調査やモニタリングへの投資を拡大する必要がある。また、気象パターンや種の減少につながる人間活動、種の存続を脅かす火山噴火やその他の自然災害について、市民がより深く理解するための教育も重要である。時間はかかるが、絶滅危惧種を保護するための動機付けができれば、少しずつでも生存を確保することができるだろう。

このような課題は、かつての科学者たちの間でも議論されていました。私も保護区の必要性について十分に認識していましたが、それ以上に、ひとつの種が長生きするためには、つながりが非常に重要であることを見抜いていました。この考え方は、今日の絶滅危惧種の保護に通じるものがある。個々の種に対する解決策を検討する際には、国境を越えた保護策を考慮する必要がある。また、自然保護論者は、単一の種に焦点を当てるのではなく、完全な生態系を目指した解決策を模索する必要がある。

要するに、複雑な生態系の中でバランスを取るには、政府レベルでの積極的な政策立案と、有意義な対話を行うことでその目的をサポートする個人の両方が必要なのです。日本のように生物多様性が豊かな国同士が協力し合えば、想像以上に早く解決することができるのです。そして、絶滅の危機に瀕している生物種の保全のためには、人と自然のバランスを保つための公教育が最も重要な手段の一つであることは言うまでもありません。ですから、私たち一人ひとりが、明日の世界のために、今日、不断の努力を積み重ねていけば、自然の未来、そして多くの絶滅危惧種の生命を守ることにつながると確信しています。

Q クリーンな交通手段を推奨するために、どのようなことができるでしょうか？

ノーベル賞を受賞した物理学者である私は、クリーンな交通システムの構築に注力することが最も重要であると考えています。まず始めに、電気自動車や改良型蓄電池システムなどの新技術に投資し、その開発を促進する必要があります。そうすれば、クリーンな交通手段への移行がより容易になり、長期的には人々の費用対効果も高くなります。さらに、個人や企業が古い汚染技術から新しいクリーンな代替技術に移行するためのインセンティブを設けることも極めて重要です。例えば、政府はクリーンな車を運転するドライバーに税金の補助や登録料の減額を導入したり、新しいグリーンエネルギー源の研究に公的資金を提供したりすることができます。

さらに、気候変動に対処するためには、私たち全員がひとつの国際社会として協力することが不可欠です。そのためには、自動車や貨物自動車などの輸送手段から排出されるCO$_2$に対する目標値を厳しくするなど、自動車の排気ガスに関する国際基準を設けることが必要です。そして、私たちは今、排出量を減らすだけでなく、風力や太陽光などの再生可能なエネルギー源を交通手段として利用するチャンスを迎えているのです。

また、カーシェアリングのような取り組みも、クリーンな交通手段として大いに期待できます。カーシェアリングは、通勤・通学に便利なうえ、自動車を所有する必要がないため、走行距離を減らし、燃料消費量を削減することができます。さらに、カーシェアリングは自動車メーカーに対して、より効率的な自動車を製造するよう圧力をかけ、化石燃料の燃焼によって直接もたらされる温室効果ガスの排出を削減することにもつながる。

結局のところ、交通に関連する世界の持続可能性の問題に対する効果的な解決策を生み出すには、異なる分野（科学、工学、経済学）の連携が重要です。真の成功は、集団的努力によってもたらされるのです。ですから、私たち全員が、日々進歩する科学技術を活用するために、この変革のプロセスの一部となるべく努力する必要があるのです。

Q

二酸化炭素排出量削減の目標は どのように立てますか？

私は、二酸化炭素の排出量を削減するための目標をどのように設定するかという問題を、重要かつタイムリーな問題であると考えています。地球温暖化問題は現代の課題であるが、温室効果ガスの排出を抑制しないことがもたらす結果はすでに明白になってきている。過去に人類が二酸化炭素の排出を大幅に削減できたという事実は、私たちに再び削減する方法を見出す希望を与えてくれる。

このような背景から、私は「現実的な目標から始める」ことを勧めます。最初は小さな一歩を踏み出すことで、軌道修正もしやすくなります。しかし、同時に、モチベーションと集中力を維持するために、大胆な長期目標を設定することも必要なのです。

CO_2排出量を減らすために、私たちはどのような行動をとればよいのでしょうか。ここでも、さまざまな選択肢があります。まず、エネルギー効率の向上や省エネルギー、太陽光発電や風力発電などの再生可能エネルギーの導入が考えられます。また、石炭、石油、天然ガスなどの化石燃料に依存したエネルギー源からの脱却も必要です。これは、グリーン技術開発のためのインセンティブや、産業を燃料の燃焼から遠ざける政策によって実現できる。

そして、効率化やクリーンなエネルギー源など、すぐに利用できる技術に目を向けることで、二酸化炭素の排出量を削減する目標を設定することができるのです。さらに、人類が現在の環境危機にうまく対処するために、政府は現在および将来にわたって化石燃料の消費を削減するための積極的な政策を提唱すべきである。目標に焦点を合わせることで、それぞれの行動がその目的にかなうようになり、これが二酸化炭素の排出を削減するための有効な目標になると私は考えている。

Q

化石燃料の使用を削減するためには、どうすればよいでしょうか？

科学と教育に情熱を傾け、平和と国際協調を提唱してきた知的で探究心の強い自立した人間である私は、化石燃料の使用を削減するために最も重要なことは、代替エネルギー源を受け入れることだと考えています。風力、太陽光、地熱、水力、原子力など、多様なエネルギー源を研究し、環境に安全な再生可能エネルギーに投資することに力を注がなければなりません。また、家庭や工場、交通機関、その他の産業における効率基準を向上させ、エネルギーを節約する新しい方法を見つける努力をしなければなりません。より持続可能な未来は、世界各国の政府がこうしたクリーンテクノロジーの研究開発に多額の資金を投じることによってのみ実現できると、私は考えています。

この考え方は、20世紀初頭、チューリッヒにあるスイス連邦工科大学で、天然資源を責任を持って利用する方法について考えた私自身の経験に基づいている。20世紀初頭、スイス連邦工科大学チューリッヒ校に在籍していた私は、天然資源を責任を持って利用するためにはどうすればよいかを考えた。

ドイツはビューロー公爵の指示により、同時代のアメリカの大都市にある企業のようなシステムでエネルギー使用をコントロールすることを重視し、同様の政策を実施した。この政策は、人々がエネルギー消費についてより注意深く考えるようになり、人々の行動に直接的な影響を与えた。

同じように、現代社会でも、エネルギー消費をより適切に管理するために、料金プランの変更と連動した同様の政策を採用することが有効であると考えられます。スウェーデンのように、ピーク時の電力消費を抑えるための変動価格制を導入している国もある。

しかし、省エネに関する法整備は、国家や民間企業だけの責任でできるものではない。国や企業だけでなく、一般の人々にも自給自足を促し、自分たちの生活習慣に責任を持つようにしなければならない。例えば、コンセントに無駄な電流を流さない、家電製品の無駄な稼働時間を減らすなど、日常生活の中に省エネの習慣を取り入れるよう、家族が一緒になって教育することも必要でしょう。そうすることで、CO_2の削減、企業や家庭のコスト削減、経済的な安定など、社会全体に良い影響を与えることができるはずです。

最終的に、私たち全員が、より環境にやさしいエネルギー供給方法を採用し、排出量の削減に取り組むことができれば、明るい未来への前進は必然なのです。結論として、革新的なサステナビリティの手法を理解し、市民が参加することによってのみ、意味のある変化をもたらし、カーボンニュートラルの明日という目的地に近づくことができるのです。

Chapter 6

孔子が文部科学大臣だったら…

孔子
（こうし）

孔子は春秋時代の中国の思想家、哲学者で儒家の始祖である。釈迦、キリスト、ソクラテスと並び四聖人（四聖）に数えられる。孔子の創始した儒教は、「仁」、「君子」を主な概念とし、「仁、義、礼、智、信」という5つの徳を大切にする教えである。孔子の死後、弟子たちによって、孔子の言葉や行いをまとめた「論語」が作られた。

Q 能力や興味を活かす人材を育成するためにすべきこととは？

私は、人材育成は個人の能力と関心の両方を考慮しなければならないと固く信じていた。「各人の適性に応じて教える」ことが重要である。これは、個人の知識や興味に合わせて指導・奨励することで、より確実に成功に導くという意味である。

その証拠に、私自身、生涯勉強を続けていました。若い頃から学問を始め、時間をかけて完璧なものにしようと努力した。また、弟子たちとともに諸国を巡り、仁、義、礼、智、信の五常を説いた。教える側に対しては、常に一人一人の能力のレベルや個人的な興味に配慮していたと言われている。このことから、人材育成においては、人の能力と関心の双方を考慮することが重要であることがわかります。

この点をさらに説明するために、有名な言葉の一つを紹介しよう。「適材適所」という言葉があります。この言葉は、トレーニングの過程で個人の才能や好みに注意を払うことの重要性を語っています。そうすることで、成功するためにどの程度の、どのようなトレーニングが必要かを適切に判断することができるのです。この原則は、現代の状況にも当てはめることができます。

そのためには、さまざまな授業やセミナーを開催し、参加者が探求し、実践できる機会を提供することが有効です。例えば、音楽に興味があるなら、楽器の歴史や進化を学ぶ講座を設けることで、自分が何をやりたいのかを理解するための学習意欲を高め、より専門的な指導を受けられるようなサポートを提供する。同様に、コーディング言語や溶接技術を学びたい人がいた場合、様々なツールを自分で試すことができるスペースを提供することで、質問に答え、ヒントを与えてくれる指導者や資格ある専門家が近くにいれば、必ず役に立ちます。

私は、個人の可能性を深く掘り下げ、それを生かすことを重視しました。そうすることで、すべての人に効果的な育成プロセスを提供することができるのです。

Q 教育格差をなくすには どうしたらよいか？

私は、教育格差の解決はその根本原因から始まると考えています。つまり、教育格差の主な原因は、ある集団が他の集団より優位に立つという文化的エリート主義にあると私は考えているのです。従って、教育格差の原因はどこにあるのかを認識し、能力主義に基づく社会的平等を目指すことが、教育格差是正の第一歩となるのである。

古代中国の歴史を例に挙げる。東周の末期、晋の文公は教育によって国家を建設し、家柄や貴族ではなく、実力だけで人材を登用した。その結果、晋は繁栄し、戦争、文化、経済、政治において多くの成果を上げ、小国から楚の大国へと発展した。このモデルによって、社会が恣意的なレッテルを貼るのではなく、人々がその人らしく尊重される公平な社会の基礎が築かれたのである。

現代の日本でも、学生の間で同じような現象が起きています。学校で生徒を観察していると、学業が優秀な生徒とそうでない生徒が分かれているのをよく見かけます。これは、社会的地位や家庭の収入分布の違いによるもので、前者は上位の学校に通い、後者は下位の学校に通うのが普通である。

このような状況を打破するためには、教育改革を通じて、階層間、家庭内における差別をなくすことが重要です。本やテクノロジーなどのリソース、放課後やオンラインクラス、宿題のサポートなどのプログラム、異なる学習スタイルへの対応など、平等な機会を提供することで、教育者は不公平に苦しむコミュニティの間に立ちはだかる壁を取り除き、バックグラウンドや経済状況に関わらず、すべての生徒にとって本当に利用しやすい教育を実現することができるのです。

「出身地ではなく、どれだけ努力したかで、その人の将来の人生の展望と成功が決まる」ということです。学習機会を平等に提供することで、教育格差の是正を実現し、家柄や階級に関係なく、人間の才能をよりよく生かすことができる。私は、一度失ったものを学習によって再び悟らせること、つまり成功すればゆるぎない調和を与えることほど、大きな成果はないと考えている。

Q

もし新しい教科、科目を追加するなら何がよいでしょうか？

私が提案するのは、儒教の伝統的な五常である「仁」「義」「礼」「智」「信」を強化することに焦点を当てることです。これらの徳目は、何世紀にもわたって中国の教育に不可欠なものであり、今日もなお不可欠なものです。世界が変わり、現代社会が私の時代と異なっていても、これらの徳は時代を超えて残っており、中国の文化と価値観の基礎を形成し続けているのです。

例えば、徳のひとつに「仁」がありますが、これは他人に対する優しさや理解力を強調するものです。私の時代には、他者との交流において寛大であること、集団の利益のために自分の利益を優先させることを意味しました。これは現代でも、大切な人に感謝の気持ちを伝えたり、有意義な会話をしたりと、友人や家族との付き合い方に応用できるのではないでしょうか。

「義」の徳は、約束を守ることを重要視しています。私の時代には、どんなに困難なことであっても、義務を果たそうと努力することを指していました。今日、約束を守るということは、期待されていること以上のことをすることであり、どんな試練があっても自分の価値観に忠実であることでもあります。

「礼」もまた、社会の調和を保つために習慣や伝統を尊重することを重視する美徳です。正しい礼儀作法を学ぶことは、個人間の良好な関係を育むと同時に、異なる文化や信条を理解することを教えてくれるからです。同様に、「知」は、意思決定の前に深く考えることで、人生においてより良い情報に基づいた選択ができるようになることを教えてくれます。最後に「信」ですが、これは正直さと誠実さが最終的に必ず勝ることを思い出させてくれる価値観です。

これら5つの伝統的な美徳に焦点を当てた科目を追加することで、生徒の心に道徳心を植え付けることができると考えています。また、これらの思想の源である古代中国の哲学を理解し、それが現代の生活にどのように応用されているかを知る機会にもなるはずです。最終的には、このような教えが、より寛容で調和のとれた、公平な社会の実現に貢献することを願っています。

Q 学校におけるいじめに対して、何か解決策はありますか？

学校におけるいじめは、解決しなければならない問題であることは明らかですが、私は、まずこの問題の根源を考える必要があると考えています。私は、儒教の基本原理である「仁」「義」「礼」「智」「信」を見直し、平和で調和のとれた環境を作るために再構築するべきだと考えています。これらの原則を幼い頃から学校で教えることで、個人と個人の間、そして社会全体の理解と尊敬を促進することができます。

しかし、その前に、子どもたちの下品さや暴力を引き起こす原因を理解することが不可欠です。私の考えでは、これらの行動は、自制心の欠如、精神的な欠乏、他の倫理体系への不慣れから生じています。これらの問題が解決されない限り、子供たちの間には常に何らかの緊張や反感が存在し、将来的にはさらなる争いを引き起こすだけでしょう。

いじめの問題に効果的に取り組むには、他人に対する優しさ、思いやり、道徳的な高潔さ、礼儀正しさを支える価値観を内在化することを考えることが不可欠である。そこで私は、中国古来の道徳を土台に据えるべきだと考えています。私はこれまで、威圧に立ち向かう物語をいくつか紹介してきました。これらは、どんな相手にも屈しない強さを持ちながら、不誠実な行動を取らないという貴重な教訓です。

また、事実や数字の暗記よりも、人間的な価値観に重点を置いたカリキュラムを作ることも重要です。このような指導は、純粋な学業成績以外の活動を奨励し、若い学者が有意義な議論に参加し、互いに協力し、仲間への協力や共感といった美徳を培うものである。

結論として、いじめの解決は、激しい罰や厳しい規制ではなく、仁、義、礼といった道徳的価値観に基づいた愛情ある教育システムを経験させることによって、個人を社会の責任ある一員にすることにある。私たちが協力して道徳的な枠組みを再構築すれば、何よりも優しさが優先される安心できる教育環境を構築できると確信しています。

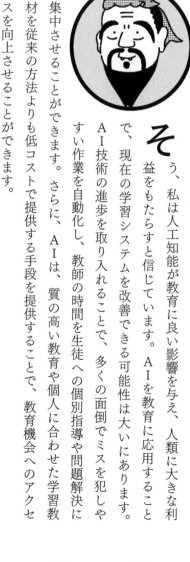

Q

人工知能が教育に良い影響を与えると考えていますか？

そう、私は人工知能が教育に良い影響を与え、人類に大きな利益をもたらすと信じています。ＡＩを教育に応用することで、現在の学習システムを改善できる可能性は大いにあります。ＡＩ技術の進歩を取り入れることで、多くの面倒でミスを犯しやすい作業を自動化し、教師の時間を生徒への個別指導や問題解決に集中させることができます。さらに、ＡＩは、質の高い教育や個人に合わせた学習教材を従来の方法よりも低コストで提供する手段を提供することで、教育機会へのアクセスを向上させることができます。

私はかつて、知識への畏敬の念を育み、人格形成と道徳的推論に焦点を当てた強力な道徳教育システムを提唱してきました。事実や数式をマスターするのと同じくらい、知恵を発見することが重要だと考えていました。ＡＩは、知識を尊重し、倫理的な判断を巧みに行うという、この同じ精神を模倣する力を持っていると思います。機械学習アルゴリズムは、時間をかけて経験から学習し、特定のシナリオで賢明な判断（公正さや正義に関する判断など）を必要とする場合を評価します。さらに、ＡＩは、あらゆる期間のデータを無制限に取得・分析できるため、デジタル入力から得られる学生の進捗状況を、人間の教員よりも正確に評価できるかもしれません。

私の生涯を通じて、人々は常に、教育プロセスを改善し、学生の学習成果をより良くするためにテクノロジーを利用する方法を模索してきました。私の時代にはコンピュータはありませんでしたが、私は若い学習者を巻き込みながら、探究心と批判的思考の精神を奨励することを信じていました。同様に、今日の経験豊富な教育者は、オンライン学習教材、シミュレーション、ビデオ、オーディオファイルなどの技術的リソースを活用して、生徒の好奇心を育てています。また、ＡＩはさまざまなトピックで生徒の学習状況をリアルタイムに把握できるため、苦手な分野の補習が必要な生徒と、課題を迅速かつ公平に採点する支援が必要な教師の双方に有益です。

同時に、学校がテクノロジーに過度に依存し、本当に必要なもの、つまり信頼と思いやりによって築かれた教師と生徒の関係性を見失わないようにすることが重要です。私が生前行っていたような模範的な指導は、人工知能だけでは代替できません。学校を出た後も社会に出て積極的に貢献するような熱心な学習者を育てるには、人間が必要なのです。最終的に、人工知能は貴重なツールであることを示しましたが、注意深く、謙虚な姿勢で正しく適用され、真の学習の瞬間を生み出す貴重な人間関係を導くための補助具やアシスタントに過ぎないことを認識しています。

Chapter 7

エリザベス一世が外務大臣だったら…

エリザベス一世

イングランドとアイルランドの女王。宗教面では中道政策を採り、国王至上法、礼拝統一法を発布して英国国教会を確立させ、カトリックとピューリタンの両者を抑圧し、国内を安定化した。また、東インド会社を設立し、アジア貿易を強化するだけでなく、インドなど植民地拡大にも大きな役割を果たした。大国へと発展する土台となった。

Q

難民とそれに対する自国の役割について、どのようにお考えですか？

難民問題に関して言えば、迫害や紛争のために故郷を追われた人々への支援、サポート、保護に、我が国は全力を尽くすべきだと思います。古い例ではあるが、私が即位した１５５８年当時、英国は国内外を問わずさまざまな面で不安定な状態にあった。これらの問題に対処するため、私の政権は、宗教的な争いを静め、国に平和をもたらす中道政策を採用し、分裂しかねない問題には中立性を保った。今日も同じようなアプローチが必要である。外国の紛争にどちらかの味方をするのではなく、紛争に巻き込まれた人々の安全と安心を確保する方法を見つける方がはるかに有益であろう。

それは、自国内で援助や避難所を提供することでもあるし、他国と協力して安全な避難所を作ることでもある。また、避難民が故郷に戻れるよう、停戦交渉や外交的解決策を講じることも必要です。さらに、難民を不届き者や犯罪者のように扱うのではなく、尊厳を持って扱い、人間として尊重するよう、他の国々に働きかけてもよいだろう。私たちは、可能な限り生命を守り、苦しみを和らげるためにできることは何でもすべきです。

そして、忘れてはならないのは、このような人たちの多くが、自分たちと違うという理由だけで故郷を追われ、信仰や言語、文化までもが違うという理由で、故郷を追われていることです。この事実を踏まえ、私は、政府が国境内の多様性を保護し、受け入れるための法律を採択することが不可欠であると考える。そうすれば、もう誰も逃げる必要を感じず、信仰や国籍に関するチェックボックスをチェックする必要もなく、他人の施しだけを頼りに待遇を受ける危険もない聖域を見出すことができるのだ。

結論として、私たちは今すぐ行動を起こし、包括的かつ共感的な解決策を模索することが重要です。女性や子どもを中心とした世界の弱者に対して理解を示し、協力することで、世界中の難民のために恒久的な平和と正義を実現するための世界的な努力の一部になることができるのです。

Q

近隣諸国との関係性を改善するには どのような方法がありますか？

私は、近隣諸国との外交関係を改善することは、現代社会を機能させるために絶対に必要なことだと考えています。近隣諸国と互恵的な関係を築くことが、良好な関係を維持し、成長を促すために不可欠であることを理解しています。

１５５８年に女王になった私は、自分の王国が混乱状態にあることに気づきました。私が受け継いだのは、さまざまな派閥が宗教的な対立を繰り広げ、王国の構造を引き裂こうとする分裂した社会であった。私はどちらか一方を選ぶのではなく、異なる宗教宗派が同じ屋根の下で調和して信条を実践できるような妥協案を採用した。これによって、解決するまで平和を維持することができました。

これは当時としては斬新な発想でしたが、現代に通じるものがあります。外交は、国家間の難しい溝を埋め、すべての側が利益を得ることを確認した上で、協定に調印しなければならない。交渉が行き詰まり、事態がさらに複雑にならないように、オープンであることが重要である。信頼関係の構築には時間がかかりますが、さらなる紛争を防ぎ、近隣諸国とより強い関係を築くために必要なことです。

同時に、商業貿易やその他のビジネス交流を通じてのみ解決できる問題や紛争が、両国間に存在することも理解しています。そこで、１６００年に東インド会社を設立し、スパイスや茶葉の貿易をアジア全域で展開することにしたのです。このような結びつきは、相互の利益につながり、政治的な配慮をはるかに超えたものです。経済的な結びつきが生まれ、双方にとって有益になることが多いのです。

最後に、私は、自分の考えを一方的に相手に押し付けることには反対です。思いやり、尊敬の念は、隣人や周辺諸国との関係を導く中核的な価値観であるべきです。

結論として、隣国との関係改善には、現実主義、共感、尊敬の念を織り交ぜることが必要である。歴史的に見れば、困難な状況下でも紛争を解決し、強い絆を築くことは可能である。歴史的に見れば、紛争を解決し、強い絆を築くことは困難な状況下でも可能である。双方の勝利を確実にするためには、互いの問題と目的を深く理解し、地域の安定と相互利益をもたらす妥協点を見つけるために協力することが重要である。

Q

紛争地域の平和を促進するために どのようなことができるでしょうか？

紛争地域の平和を促進することは、私が熱意をもって取り組んでいることです。問題を抱えた地域の平和を維持するためには、いくつかの段階を踏む必要があると私は考えています。

まず、すべての当事者が、互いの立場を理解する勇気と知恵を持ち、相互信頼を深め、相互尊重に基づく関係を構築することが不可欠です。このような理解には、しばしば対話と交渉、すなわち外交が必要であり、双方のニーズを満たす互恵的な結果を生み出すことができる。

第二に、紛争地では可能な限り経済発展を促すべきである。食料、水、医療などの生活必需品をより効率的に供給することで、地域間の格差を是正し、共存共栄を図ることができる。さらに、小規模事業への助成や対象を絞った補助金によって雇用創出や職業訓練の機会を支援すれば、現地の人々に経済的な安定をもたらし、異なる派閥間の緊張を和らげることができます。１６００年の東インド会社の設立は、経済的な取り組みが地域社会に利益をもたらすことを示す典型的な例である。

第三に、国連や地域連合などの組織は、必要に応じて効果的な政治的解決策を提供するために協力し、紛争の平和的解決を促進する強制力のある国際法を整備すべきである。また、地域的な平和維持活動も確立し、軍事的、政治的、経済的などさまざまな側面から積極的に紛争に介入し、民間人への悪影響を防止・軽減する必要がある。

最後に、紛争の影響を受けるすべての当事者に思いやりをもって接し、当事者間の緊張を最小限に抑えなければならない。これには、危機の際に彼らの基本的ニーズを満たし、可能な限り生命に対する基本的権利が維持されるよう、現地で人道支援と難民保護プログラムを提供することが必要である。

結論として、紛争地域の平和を促進するには、外交的解決策と経済的インセンティブを組み合わせた多面的なアプローチと、人道支援プログラムが必要であり、これらはすべての関連機関や組織における強い政治的意思に支えられている。互いの立場を理解し、苦難の時に思いやりを持って行動することで、将来の世代が恐怖や恐れのない永続的な平和を享受することができるのです。

Q

世界における日本の地位向上について
どんな作戦をお持ちですか？

日本の地位を向上させるためには、日本の基盤を強固なものにすることが必要です。そのためには、日本の文化的、国際的なつながりや、革新的な精神を強調することが必要だと考えています。そのためには、外国との外交・安全保障上の関係を強化し、自由貿易を奨励し、教育への投資を行うことが必要です。その上で、現在の援助成長率を向上させ、観光振興や海外直接投資などのグローバル化に関するサービスを追求することで、世界情勢における日本の評判の優位性を構築することができます。

これらの目標を確実に達成するためには、過去の政権下でそのような行動がどのように実施されたかを理解するために、過去に目を向けることが重要である。１５５８年から１６０３年までイングランドとアイルランドの女王であった私は、「中道」のアプローチに基づく外交政策を確立しました。他国に平和的に働きかけつつ、イングランドの地位と利益を維持することを目指しました。それは、他の宗教との共通点を見出すだけでなく、外交よりも防衛を優先させること、スペインや他のカトリックの支配地域と強い関係を作り、ドイツの宮廷に音楽の演奏を贈ったり、東インド会社を設立してアジアの貿易市場にアクセスするなど、ヨーロッパを強固にすることであった。

これらの戦略によって、イギリスは独立を維持しながらも、世界中と友好的な関係を築くことができたのです。私は、このような戦略を現代の日本にも応用することで、世界における日本の地位を向上させることができると考えています。多国籍組織や自由貿易協定を通じて他国との関係を強化し、文化の輸出入を拡大することで、日本の強みを国際的にアピールすることができます。また、日本国内の教育プログラムや研究機関への投資を増やすことで、日本が革新と発見のリーダーであることを示すことができ、その結果、より多くの外国からの投資を呼び込むことができる。

Q 交渉を成功させるための秘訣を教えてください。

私の交渉術の秘訣は、「相手の話をよく聞くこと」。そして相手の話を聞くだけでなく、その背景や重要性を理解するように心がけています。そのためには、既成概念にとらわれず、交渉の場ごとに異なる状況を把握することが重要です。そうすることで、各当事者のニーズを考慮しながらも、関係者全員がメリットを得られるようなクリエイティブな解決策を導き出すことができるのです。

私はイングランドとアイルランドの女王としての経験から、多様な人々をうまくリードし、競合する利害関係者間の複雑な合意を交渉するための見識を身につけました。私の統治下、イングランドは不安定な状態にあり、宗教上の対立や貿易摩擦がより顕著になっていました。そこで私は、国内の統一と平和を維持するために、個人的に節制の方針をとりました。その結果、私はヨーロッパ中のプロテスタントやカトリックの指導者たちと、永続的な関係を築くことができた。

さらに私は、1588年に無敵のスペイン艦隊を打ち破り、交渉事をさらに進めることができた。この海戦は、圧倒的な優位に立つ相手に対して、小さな軍隊がいかに創造的な戦略で優位に立てるかを示すものであり、交渉の成功のイメージを具現化するものであった。私は、防御線の形成や火船の投入など、後に他の海軍大国が採用した海軍戦術を巧みに駆使し、敵艦隊と物理的に直接交戦することなく勝利を収めることができたのです。この交渉の成功は、たとえ困難な状況であっても、紛争を平和的に解決するための方策があることを教えてくれた。

この教訓は、現代にも受け継がれています。グローバル化した世界では、国力や資源に大きな差がある国同士が交渉することになる。小国は、技術力であれ、外交力であれ、持てる力を発揮して、グローバルな舞台で有利になるような方法をとらなければならない。交渉の結果、完璧な合意が得られるとは限りませんが、すべての人のニーズを考慮することで、平和的な妥協が可能になります。

エリザベス1世のような成功した交渉から学ぶことは、関係者全員にとって最適な解決策を導き出すために、結論を出す前に相手の話に注意深く耳を傾け、理解を深める努力をしなければならない、ということです。忍耐強く、心を広く持ち、創造的で柔軟なアプローチをすることで、外交はあらゆる交渉を自分にとっても相手にとっても有益な結果に導くことができるのです。

Chapter 8

始皇帝が法務大臣だったら…

始皇帝

（しこうてい）

紀元前221年、中国を統一して絶対王制を敷いた。封建制を廃止し、中央政権が任命・派遣する官僚が治める郡県制を採用し、中央集権・官僚統治制度の確立を図った。国家単位での貨幣・度量衡・文字の統一、道路整備・交通規則の制定などを行った。焚書・坑儒による思想統一、万里の長城の修築、などでも有名。

Q ソーシャルメディアの法規制についてどのように考えていますか。

私はソーシャルメディアに関する法律や規制を作り、ネット上に投稿される情報を管理することが必要であると考えます。この技術は比較的新しいものなので、潜在的な機密情報に広くアクセスすることは、予期せぬ危険を伴うことは確かです。したがって、国民の安全と安心を維持しつつ、国民が最新のツールを使用できるようにするために、このような技術の適用方法について適切かつ所定の制限を定めることが重要である。

歴史的に見ると、古代中国の戦国時代、私は自分の政策に批判的な学者を焚書し、生き埋めにしたことで有名である。明らかに、私は自分の領地内での表現の自由と、それが公の秩序に及ぼす潜在的な影響について懸念していたのだ。しかし、このような強引なやり方は、当時はソーシャルメディアが存在しなかったからこそできたことです。

ソーシャルメディアがあれば、このような強硬な姿勢が必要であったかどうかは確認できませんが、自由な意見交換と国家権力のバランスをとることにもっと注意を払う必要があったと思われます。

私の治世には、官僚制による中央集権を確立し、度量衡、貨幣、文字などの規格を統一した。これは、問題を処理する際に考慮すべき一定のプロトコルを標準化するのに役立った。したがって、この先例に鑑みれば、ソーシャルメディアを規制する法律を制定・変更する際にも、同様の行動をとるべきであると言える。つまり、新しいシステムを設計・変更する際に、当局がどの程度コントロールできるのか、個人の自由がどの程度守られるのか、その両方について慎重であることが重要である。

もちろん、新しいコミュニケーションを管理するためのルール作りには、常に文脈的な要因が考慮されなければならない。過去の状況を比較対照することは、歴史的文脈とその意味合いを理解する上で有効な手段であるが、そのような比較は現代の状況との直接的な関連性を保証するものではない。そのため、TwitterやFacebookなどの大衆文化ネットワークに関連する法規範を更新する際には、過去の状況と現在の状況の分析とのバランスを取りながら、意思決定を行う必要がある。

Q

現在の裁判制度に代わる画期的な裁判制度はあるか？

裁判制度は公正で公平な社会の重要な構成要素であり、効果的で迅速な対応を確保するために創造的な解決策を模索することが重要であると思います。ご質問の答えとして、私が中国の初代皇帝として経験したことを例に挙げたいと思います。私の時代には、町によって度量衡が異なるため、統一的な法律を施行することが難しいという課題がありました。

そこで私は、度量衡、貨幣、文字の単位を統一し、全国に適用することにしました。この統一された基準により、私の時代には、より平等で公平な法執行のシステムを作ることができたのです。

また、私は、全国に道路と交通規則を作りました。馬車が轍のない道を走れるように、「車道」を統一したのです。このように、移動と交通に関する一貫した基準を設けることで、国中への公平なアクセスを確保し、司法制度の対象となる人々にも公平な競争の場を提供することができるようになったのです。

より最近の歴史における同様の例は、革新的なソリューションが既存のシステムをいかに改善できるかを示す証拠でもある。多くの国で、裁判手続きのデジタル化に最先端の技術が使われています。場合によっては、市民がよりシンプルな電子システムにアクセスできるようになり、法的手続きのスピードアップとコスト削減が可能になります。また、陪審員選定における偏見や裁判における不当な優位性を弁護士が明らかにするために、デジタルツールが使用されるケースもあります。

このようなアプローチは、現在の裁判制度に代わる創造的な選択肢を模索する際にも応用できます。例えば、人工知能やブロックチェーン技術などの最新技術の活用は、裁判の合理化に役立つだけでなく、判決の公平性や正確性を確保する上でも有効です。このようなテクノロジーは、弁護士、裁判官、陪審員、証人を、検討されている事件の文脈の中でよりよく結びつけることで、より効率的な裁判の機会を開くことができます。

結論として、私自身の経験や、世界各国のより現代的な事例が示すように、現在の裁判制度には、革新的なソリューションとその可能性があります。

Q

犯罪率を下げ、治安を良くするためにすべきこととは？

犯罪率を下げ、治安を改善するためには、強力で統一された法制度が不可欠だと思います。これは、私が中国の初代皇帝として統治していた時代に目指したものです。紀元前221年、私は中国の歴史上初めて国を統一しました（秦の統一戦争）。首都は咸陽に置かれた。統一後、私は王から皇帝に爵位を変えたが、これは歴史上初めての新しい爵位であった。周王朝以来の封建制度を廃止し、中央政府から任命・派遣された官僚が統治する郡県制を採用し、官僚統治体制を確立させた。貨幣、度量衡、文字の全国単位化。また、道路整備や交通規制もおこなった。

こうした法規制の統一は、市民が安心して暮らせる環境づくりに不可欠なものであった。法律が統一されることで、法律が守られるようになり、その結果、犯罪が減るという効果もありました。また、人々は自分たちに何が求められているかを知り、法律を守らなければ結果が出ることを理解しているため、犯罪率の低下にもつながったのです。さらに、統一された法制度があることで、当局が犯罪を捜査し、犯罪者を裁くことが容易になった。

さらに、犯罪を犯した者を厳しく罰することで、他の者が同様の犯罪を犯すことを抑止することも重要だと考えた。紀元前213年、秦は法家である李斯の提唱により、実用書を除くすべての儒学書などを焼却し、翌年には始皇帝の政治を批判した学者を焼き殺し、生き埋めにした。このような厳しい処罰は、「私の支配下では犯罪は許されない」という見せしめとなった。

私は、このような原則は、犯罪率を下げ、治安を向上させるために、今日でも適用できると考えています。誰もが守れる一つの法律を持つことで、当局が犯罪を捜査し、犯罪者を裁くことが容易になる。さらに、犯罪を犯した者を厳しく罰することで、犯罪は許されないということを他の人に示すことができるようになります。

Q

裁判員制度について、何か改善すべき点はあるでしょうか。

法務大臣として、たしかに裁判員制度は改善する必要があると認めざるを得ません。今日の司法制度を今も苦しめている。現代の陪審員は、決定的な証拠よりも感情や個人的な意見に左右されやすく、偏った結果や信頼性の低い評決につながる可能性があるのです。また、裁判員の中には、複雑な法的手続きのニュアンスを十分に理解していない人もおり、事実や証言の解釈を誤らせる可能性があります。

この問題に対処するため、私の政府は、裁判員として勤務する前に正式な教育を行うこと、裁判中の裁判員への調査支援を許可すること、公判前手続きと司法執行に関する基準を課すことなどの改革を行っています。これらの措置により、誤った指導や急ぐ審議などの問題に部分的に対処してきたが、これらの体系的な欠陥の改善という点では、まだ多くのことが行われている。

テクノロジーと自動化を活用することで、裁判員の募集と審議の効率を強化することができます。例えば、既存のウェブサイトやプラットフォームにスマートなアルゴリズムを挿入することで、裁判員のデータの正当性を確認する際に、大量の情報を迅速かつ正確に分析することができます。また、裁判員の過去の行動をリアルタイムに分析し、明らかに偏りのある裁判員は自動的に参加できないようにして、裁判の公平性を確保するなどの方法も検討しています。

また、有利な結果と中立的な結果を比例させて判断するための指標を導入することも考えています。このアプローチの有効性は、法廷の公平性をさらに判断するための高度なデータ分析に大きく依存する。「ブラインド・セレクション」のような政府が義務付けるプログラムは、裁判員選定の乱用の機会を自動化する一方で、関係者がその背景に関わらず平等に配慮することを目指すものです。

私たち立法者の究極の目標は、すべての関係者が法律の下で正当な権利を保護され、公平な方法で司法を維持することです。そのためには、改ざんや濫用のない公平な判断と、加害者への公正な処罰や被害者への補償を実現するために、現在の制度を心して改善しなければなりません。

Q

受刑者の更生のためにどのようなことをすべきでしょうか?

受刑者の社会復帰は、困難ではありますが、社会の正義を維持するために必要な課題です。効果的な社会復帰を実現するためには、受刑者一人一人の受刑に至った様々な原因を考慮し、それぞれのケースに応じた戦略を立てることが不可欠です。

犯罪の種類は私の時代とは大きく異なるので、それに応じて解決策を考えなければなりません。例えば、ある種の犯罪者に対しては、罰だけでなく、地域社会との関わり合いを重視したプログラムの方が効果的かもしれません。また、技術の進歩により、犯罪者を監視する技術や、電話やコンピューターなどの通信機器を使って遠隔監視することができるようになりました。

結局のところ、全てのケースは異なり、全ての解決策は、個々の状況に応じて調整されるべきものである。受刑者が社会復帰を果たし、犯罪を繰り返さないようにするためには、受刑者それぞれに長所と短所があり、それを考慮し、対処する必要があります。矯正施設は、社会の治安を守るための重要な役割を担っていますが、刑務所改革は、単に法律を破ったことを罰するのではなく、個人の成長に常に焦点を当てるべきであることを忘れてはなりません。

受刑者を更生させ、公共の安全を確保するためには、懲罰的措置と教育的手法の両方を用いる刑事司法制度を維持することが重要である。懲罰的手段としては、投獄や罰金などの刑罰があり、教育的手段としては、犯罪者の更生を目的とした職業訓練や再教育プログラムなどがある。さらに、出所後の元受刑者への指導や就業機会の提供など、地域社会への統合を促進することも必要である。

紀元前221年、秦は中国を初めて統一し、周王朝以来の封建制度を廃止し、新たに官僚制を導入して中国全土を統一的に支配することになった。その中には、馬車が全国を自由に行き来できるようにするための車の線路の標準化も含まれていた。さらに、貨幣、度量衡、文字の統一が行われ、通貨として半両銭が発行され、全国に配布され、簡略化した文字が小篆として作成されるなど、国家単位で統一された。

このような司法と統治の改革は、今日の問題である問題を抱えた受刑者の更生と関連している。受刑者を生産的な生活へと導き、社会に貢献できる人材とするためには、現在の刑事制度に同様の政策を導入する必要がある。まずは、出所後の再教育と受刑者のジョブシェアリングについて、より具体的な改革策を導入することから始めましょう。この2つのコンセプトの導入により、犯罪者は、癒しの精神を持って刑期を全うすれば、人生を好転させることができるという希望を持つことができる。また、自治体や企業による救済資金を活用し、元受刑者が出所後に社会復帰しやすいよう、技能訓練や職業紹介のサービスを受けられるよう支援することも必要である。

以上のように、受刑者を効果的に更生させるためには、懲罰的な措置と教育的な措置を併用する必要があり、絶望を助長せずに説明責任を果たすことが、受刑者の収監中の心の癒しにつながり、また出所後の社会復帰を円滑に進めることにつながる。先進的でありながら熟考された犯罪防止計画を実施することで、治安が維持されるだけでなく、過ちを犯した人々も豊かな生活を送る機会を得ることができるのです。

Chapter 9

ニーチェが厚生労働大臣だったら…

ニーチェ

ドイツ・プロイセン王国出身の哲学者、思想家。実存主義の先駆者、生の哲学者であり古典文献学者である。近代文明に対する批判とその克服を図るための深い思想を持ち、「神は死んだ」という有名な言葉を遺した。人間と世界の関係について探求し、キリスト教中心の神学界に論争を巻き起こした。「私たちはどのように生きるべきか」という問いに対して、人間は既存の「価値」を破壊し、新たな「価値」を作り出す「超人」となるべきだと答える思想を提唱した。

Q 働き方改革の進捗状況を教えてください。

私の働き方改革は、既存の社会通念に挑戦し、伝統的な生活様式を覆すことを目的としています。私たちの文化的意識に深く刻み込まれたこれらの慣習は、積極的に問い直し、立ち向かう必要があると信じています。そこで私は、自己決定、自律性、創造性、情熱といった原則のもとに、人生と労働に対する新しいアプローチを開発しました。私は、仕事を義務や負担と考えるのではなく、個人の成長と能力向上のための機会として捉えることを推進しています。

この新しいアプローチでは、生産的な態度を奨励し、日常業務をこなしながら個人の目標や野心について考えることを求めます。そうすることで、自己満足に陥ることなく、常に自分の目標を再定義し、成長し、向上し続けることができるのです。また、義務に縛られることなく、積極的に休みを取り、さまざまな道を模索することができます。

同様に、私の働き方改革では、日常生活の中で定期的に休息を取ることが、個人の健康を維持する上で重要であると考えます。そうすることで、それぞれの心と体に合った余暇活動を、意図と目的を持って行うことができます。そうすれば、身体的な活力だけでなく、精神的な明晰さや感情的なバランスも回復することができます。私は、毎日少なくとも30分は、仕事やテレビに追われるのではなく、ヨガや自然の中での散歩など、リラクゼーションに時間を割くことを勧めています。

また、私の働き方改革では、従来の働き方改革では見落とされがちな個人の心の健康やストレスレベルにも配慮しています。そのため、私は常に、瞑想やマインドフルネスを実践し、困難な状況でもクリアな心で仕事に臨めるよう、活動や労働の前に十分な心の準備をすることの必要性を説いています。ストレスマネジメントを積極的に行うことで、どんな困難な状況でも、自信と回復力をもって立ち向かうことができるのです。

つまり、私の働き方改革は、仕事だけでなく、人生全体の満足度を高めることを目的としています。そして、そのための労力の多寡にかかわらず、人々が情熱と喜びとユーモアにあふれた充実した人生を送れるようになることが、私の目指すところです。

Q

労働者の権利を保護するためにどのようなことをすべきでしょうか？

労働者の権利を守るためには、人間の状態を理解することから始めなければなりません。私は、人生とは混沌と苦しみであると説きました。そして、人間はこの混沌とした苦しみの状態から抜け出せないのですから、この現実を受け入れなければなりません。私たちは、根底にある苦しみを否定したり抑圧したりするのではなく、道徳的な先入観を持たずに、その苦しみに立ち向かい、受け入れなければならないのです。つまり、労働者の権利をどのように守るかを考える際には、従来の倫理基準を超えて考えなければならないのです。

私たちは、世界中の人々が生計を立てる権利を持っていることを認識すべきです。人間の労働はいかなる理由があろうとも否定されるべきではありません。また、労働者が本当に「自由」であることはありえないということも忘れてはなりません。彼らの労働から利益を得るのは常に他の誰かなのです。したがって、労働者の権利の保護といっても、それは決して権利ではなく、個人の生存を守り、利益を築くために必要なものでなければならない。

私が提唱した哲学は、現代の社会正義の問題にも応用できる。アルバイトやフリーターであろうと、労働について正当な要求することが、あらゆる人々に求められているのです。これには、安定した最低賃金、差別や虐待のない労働条件、保護条項付きの透明な契約、必要とする人のための社会的保護（育児休暇など）などの規定が含まれます。

結論として、世界中で労働者の権利を効果的に保護するためには、現代経済の構造に内在する人間の苦しみの複雑な性質を理解する必要があります。あらゆる種類の労働者（その地位にかかわらず）の基本的な人間としての尊厳を保証する新しい法律や規則を作ることによって、私たちは、個人が独自のスキルセットを活用し、安全で健康的な生活を送るための有意義な機会を創出することができるのです。

Q

地方の医療従事者の不足にどのように対処すべきでしょうか？

農村部における医療従事者の不足は深刻な問題です。この問題は、人口減少や社会福祉政策の変化により、最近になって顕在化してきました。この問題を解決するためには、先人たちの経験を参考にすることが必要だと考えています。

まず、医療サービスを充実させ、国民から高い評価を得ていた古代の人々の経験に学ぶべきでしょう。例えば、古代ギリシャでは、医師は社会的地位の高低にかかわらず、すべての国民に無料で医療を提供し、社会全体に奉仕していました。また、農村部などの貧しい地域でも、様々な治療法を専門とする訓練された治療者が、地域社会に貢献していた。

このように、医療従事者の育成については、十分な基準を設ける必要がある。今日の地方医療を考えるとき、若い医療従事者が正確に訓練され、尊敬されるようになることを最優先しなければならない。

そして、もう一つの重要な教訓は、現地の人々のニーズと現実を認識した採用プロセスです。中世の都市では、都市部から無数の新人を農村部に送り込むのではなく、住民の中から現地で医師を採用することがありました。短期的なチャンスや雇用を求めて他の地域や都市からやってくる医師よりも、地元で採用された医師の方が忠誠心が強く、長時間労働も可能だったのです。このことは、医療従事者の不足という問題を解決するために、その地域に根ざした地元の人々を雇用することがいかに重要であるか、また地元の人々が役に立つ医療従事者にアクセスしやすいかということを物語っています。

最後に、個人と施設の双方に対する政府のインセンティブが必要である。中世ヨーロッパでは、王族が自国での医療支援を精力的に行い、病院を建設するなど、利他主義の代表例として挙げられます。このような篤志家たちは、地元での医薬品生産を奨励し、特に数千年にわたり医薬品が不足していた農村部においても、治療薬を手に入れられるようにしたのです。現代社会でも、医師が地方に住みながら、優れた医療サービスを提供できるよう、政府による補助金制度を充実させるべきでしょう。

Q 賃上げを促進するための政策はありますか？

はい、国レベルでもグローバルレベルでも、賃上げを促進するための政策はあります。国レベルでは、労働者が適切な賃金によって人間らしい生活水準を実現できるよう、各国政府が最低賃金や団体交渉などの労働関連改革を実施しています。世界的には、国際労働機関（ＩＬＯ）などの国際機関が、労働者の権利保護や給与水準に関する条約を採択し、「生活賃金」基準も提唱している。さらに、多くの国が、すべての国民に基本的かつ尊厳ある所得を保証する普遍的な福祉制度に基づく社会保障制度を制定し、またはその方向性を示している。

しかし、結局のところ、公正な賃金を求める必要性は、経済的な側面からだけではないと考えています。つまり、いかなる個人も不当な労働条件や搾取的な労働環境に置かれることなく、また適切な労働環境や努力に見合った十分な報酬を得ることを否定されることはないということである。私は、仕事を物質的な傾向や市場の気まぐれだけに限定するのではなく、その根本的な理由をもっと深く見なければならない、と主張したのである。

同時に私は、賃金上昇や経済成長のインセンティブとして、民間企業が潜在的に持つ重要な役割を常に認識していた。例えば、私は、企業が有能な労働者に有利な給与の機会を提供する一方で、より多くの人々を惹きつけるために社会的環境を改善する方法について、幅広く考えてきた。このように、私の考えは、従来の考え方とは少し異なるものの、政府の規制と企業のやる気の両方を支持していると解釈することができるかもしれません。また、私の著作の中には、労働者に対する企業の義務について、単に外的な圧力に対応するのではなく、統一的なビジョンを持って取り組むべきであると提案するものもあった。そして、そのような解決策は、合理的な利益や損失を考慮する前に、何よりも公平性を優先させるべきであると考えたのです。

結局のところ、賃金水準の向上に関して私が考えたことは、単に雇用者と被雇用者の金銭的な関係ではなく、社会が不公平に対処するための道徳的な義務であり、他のどんな商業的な目標よりも優先されるべきものだということです。

Q

人口減少をおさえるために、どのような対策をとりますか？

私は、人口減少に対処するためには、既存の文化や価値観を再評価し、主観的な幸福の追求を優先させる政策を実施することが最も効果的であると考えています。外的な基準や義務ではなく、個人のニーズや欲求という、より根本的な自分との関係に戻ることで、身体的・心理的な健康の向上、人間関係の強化、多様なコミュニティ間の建設的な協力がもたらされると信じています。

この主張を裏付けるために、時間をさかのぼって考えてみましょう。工業化社会が誕生するはるか昔、人間は本能的に自己防衛の意識を持ち、現在の行動が将来の幸福を左右すると認識していました。そのため、生存を維持するために必要な文化的アイデンティティと統一されたコミュニティが暗黙のうちに必要とされていたのです。しかし、現在、特に先進国では、こうした長年の規範から切り離され、精神的な明瞭さや個人の充足感よりも、物質的な財への不健康な集中を招いている。この現象は、無関心な社会の中で存在意義を見いだせずにいる若い世代の結婚率や出生率の低下にも表れています。

この問題に正面から取り組み、自分の人生に責任を持つという概念を復活させるためには、既存の社会システムを適応させ、様々な所得レベルの人々がより良い生活環境を得られるようにする必要がある。貧困を減らし、高等教育を受ける機会を増やすために、政府が提供する福祉や教育の機会を向上させる必要がある。さらに、男女間の賃金格差、家族計画サービスへのアクセス、従業員の権利を保障する雇用法、家族が互いのために夢をあきらめるプレッシャーを感じないよう、育児環境における高齢者の介護責任の認識などの問題にも、改革が必要です。

人類はいつの時代も大きな困難に直面しながらも、努力と忍耐、創造性、革新性、そして思いやりをもって生き延びてきたのです。これからの世代は、競争や恐怖、他人の不当なアドバイスに負けることなく、自分の持っている能力を発揮することが大切です。真の成功は、単に物質的な利益によって測られるのではなく、レジリエンスや自立した思考力といった資質を養うことによって、自己開発のための安全な場所を作り、情緒的な安定と安全をもたらすものでなければなりません。

さらに、私は政策立案者に、人口密度が低いために公共サービスが行き届かない遠隔地に取り残された市民への容易なアクセスの提供や、経済的ストレスや雇用機会の不足により、他国出身者や少数民族の住民が適切な賃金や住居を見つけるのに苦労しているため、すでに衰退している都市に共存する異なる文化間のギャップを埋めることから始めることを提案します。

最後に、人口減少を抑制するためには、科学、人文科学、芸術などあらゆる知的手段を駆使し、地域や文脈、社会構造によって解決策が異なるため、個人の視点や様々な社会階層に属するグループと慎重に検討する必要があると言いたいのですが…。結論として、成長のために必要な自律性をすべての人に与えることで、依存による停滞から解放され、より良い未来へと世界を導くことができると信じています。

Chapter 10

ガンジーが国連大使だったら…

ガンジー

イギリス領インド帝国で生まれ、貧困の緩和、女性の権利拡大、宗教間・人種間の融和、不当なカースト制度の廃止などを提唱する全国的な運動を主導しながら、インドを植民地支配から解放するために「非暴力・不服従」の原則を徹底的に実行した。インドを独立へと導いた人物。インド独立の父である。

Q 世界平和を妨げている最大の要因は何だと思いますか？

世界平和を阻む最大の要因は、多くの世界の指導者たちの決断を導く、古風でナショナリズム的な思考が存在し続けていることである。何世紀もの間、「それぞれの国はそれぞれのために」という考え方は多くの文化に組み込まれ、その蔓延は今日まで続いている。貿易戦争から武力紛争に至るまで、ほとんどすべての主要な国際紛争にその例が見られ、その存在は、共存と協調を積極的に追求しようとする試みを挫折させるものである。

例えば、私はインド独立運動の指導者として、インド人の自治を実現する手段として非暴力による抗議と不服従を支持した。しかし、当時の英国政府の多くは、他国を征服し支配するという伝統的な考え方から脱却しようとせず、インドのより良い未来に向けた有意義な協定を交渉することは困難でした。多くの国家元首は、古くからある「力こ

そ正義」という考え方に固執するあまり、集団的な発展のために意味のある行動をとることができないのです

しかし、まだ希望はあります。なぜなら、私たちは歴史上、古代の考え方が捨てられ、より現代的な解決策に取って代わられた、同じような状況を目にしてきたからです。例えば、1700年代、ヨーロッパの大国はオーストリア継承戦争という紛争に巻き込まれたが、結局、地方の対立を捨て、エクス・ラ・シャペル条約という大合意に焦点を合わせた。この条約により、ヨーロッパ諸国は戦争に終止符を打つことができたのである。

残念ながら、このような交渉が行われるのは、真の変革を約束できない、あるいはしたくないという理由からである。そのため、世界中の人々が平和を第一の目標として受け入れるには、リーダーシップが大きな障害となることに変わりはない。もし私たちが世界の安定と友好のために永続的な前進を遂げようとするならば、すでに強力な地位にある人々は時代遅れのルールやイデオロギーを捨て、利己的な征服ではなく、共通の理解と相互利益に焦点を当てた現代の原則に賛成しなければなりません。私たちは、自分たち自身や子供たち、そして将来のすべての世代に対して、平和が支配する社会のための土台を今築く義務があるのです。

Q 世界平和に貢献するために個人ができることは何ですか？

個人には、世界平和に貢献する責任があります。非暴力と市民的不服従を唱えた私の教えは、平和的手段によって強力かつ持続的な変化を達成できることを証明しています。平和的な行動がもたらす好影響を人々が認識するようになれば、周囲の仲間や地域社会にも、敬意と友好に満ちた行動をとるよう影響を与えることができるようになるでしょう。

変化をもたらす方法のひとつが、国際的、国家的、地域的なレベルを問わず、社会奉仕活動を行うことです。奉仕活動では、異なるグループ間の対立を解決し、将来的な対立状況の発生を防ぐことに重点を置くことが多い。また、ボランティア活動は、紛争によって傷つき、苦しんでいる人々を助けることに重点を置いています。これは、薬、食料、衣料、避難所など、精神的または物質的な資源を提供することによって行われます。

さらに、特に紛争の多い地域に住む若者のための個人指導プログラムなどのボランティアの機会は、より平和な社会を作る上で非常に貴重なものとなります。

個人が世界平和を促進するもう一つの方法は、活動や教育を行うことです。活動としては、暴力や戦争に反対する抗議行動に参加したり、紛争の外交的解決策を支持するような発言をしたりすることが考えられます。同様に、教育活動では、文化や宗教間の理解を促進し、世界各地のさまざまな差別について認識を深めることができます。

私の経験では、世界平和への前進の多くは、個人が同じ目標に向かって力を合わせ、集団的な運動を起こしたときに達成されたものです。英国の植民地支配からインドを独立させるための闘いにおいて、集団行動が社会にどれほどの影響を与えるかを目の当たりにしました。その時、インドの自由への戦いは、共同体の努力なしには成功しないことが明らかでした。

市民が互いに結束して話し合い、行動を起こすことで、持続可能な平和の実現に向けて、地球規模で意義ある変化を生み出す力があるのです。私たち一人ひとりが、国家間の調和を生み出す心ある行動を通じて、自分自身と子どもたちのために、世界を今よりもっと良い場所に残す義務があることを忘れないでください。

Q

これから新しく国連の専門機関をつくるとしたら、どんな機関か？

もし私が将来、国連の新しい専門機関を創設するとしたら、人権、理解、そして文化や宗教の多様性の尊重に取り組む機関を希望します。その名も「国際人権・共同体機関（ＩＲＣＡ）」。ＩＲＣＡの目的は、異なる文化や宗教間の連携を強化し、個人ではなく人類のためになるルールを作り、互いの伝統や思想、文化を学ぶ機会を提供することで、万人のための正義と公平を推進することにあります。

私たちが過ぎ去った例から学ぶことができるように、インドの独立運動は、イギリスの植民地支配に対して、非暴力と不服従を武器とする私の非武装の抵抗によって導かれたものである。このような平和的な革命は、血を流すことなく独立を勝ち取ることができたため、当時、インドだけでなく世界中で大きな賞賛を呼び起こしたのです。この運動の成功は、国境やアイデンティティーに関係なく、人々が互いに寛容であることが、平和と対話にどれほど大きな力をもたらすかを示したのです。

私が提案する機関は、世界中の宗教者、政治家、そして学者を集め、国際社会の理解を深めることを目的としている。この新しい機関が主催する交流プログラムを通じて、あらゆる背景を持つコミュニティが集まり、アイデアを議論し、それを自国に持ち帰ることができるのです。このような成果を上げるためには、人権を守るために過去の慣行と現在の状況がどのように関連しているかを区別する必要があります。また、普遍的な基準として国際法が整備されれば、世界中の戦争や差別、社会的格差の是正に大きく貢献する。

結論として、ＩＲＣＡのように、異なる文化や宗教の連携を強化し、個人ではなく人類のためになるルールを作り、互いの伝統を学ぶ機会を提供することによって人権を推進することを目的とした機関を設立することは、どんな人種や宗教を信じていても、互いの文化を尊重する人類のより良い未来のために不可欠である。

Q 世界平和を目指す上で日本が取り組むべき分野や課題は何？

私は、世界平和の最も重要な基盤は、すべての国の間の相互理解と尊敬の結集であると信じています。この観点から、日本は、経済的な不平等と外交上の透明性の欠如という2つの大きな問題の解決に取り組むべきであると思います。

まず第一に、世界の持続的な平和を実現するためには、各国の経済的な不平等を解消することが不可欠であると考えます。国際貿易の恩恵を受けることができる富裕層と発展途上国の間に大きな格差があることは周知の事実です。この格差により、多くの弱小国は、食料、医療、教育、その他の国民へのサービスなど、基本的な開発必需品を欠いているのが現状です。さらに、これらの財政的に弱い国々は、国際的に声を上げたり、不満を表明したりすることができません。しかし、世界経済の不均等な勢力図が変わらない限り、真の意味での平等の実現は不可能であろう。

この国際的な経済格差に加えて、日本が注目すべき第二の重要な分野は、外交交渉における透明性の向上である。慎重に作成された協定が脚光を浴び、その決定が地域レベルで自分たちにどのような影響を及ぼすのか、国民が理解できるようにすることが必要である。そのためには、協定の策定者だけでなく、各政府の代表者が一堂に会し、意見交換を行うことが重要である。私はこれまで、パスポートの発給拒否やビザの発給制限によって、肝心な話し合いの場に入れない人を何度も見てきた。これ以上、国内外での差別が進展の妨げにならないようにしなければならない。

平和とは、単に戦争がないということではなく、この時代に生きる人々の間に永続的な調和があることを忘れてはならない。この状態を実現するためには、所得格差の緩和、外交談話の透明性の促進、既存の固定観念や歴史的敵対関係への挑戦などに積極的に取り組み、国家間の和解を図ることが必要です。70年以上前に私が英国の支配からインドを独立させるために戦ったように、日本でも市民的不服従と非暴力によって、「真実を武器に」相互理解を図り、より平和な時代に向けて前進していかなければなりません。

Q

どのように国連の目標や価値観を広めますか?

国連の目標は、平和と安全を維持し、国家間の友好関係を発展させ、より大きな自由の中で社会の進歩とより良い生活水準を促進し、人権を保護することです。

これらの目的を推進するため、私は、日本および世界の有権者のリーダーとして行動するよう努めます。

具体的には、個人や社会が国連の基本的価値観について対話する能力を認識し、強化することに努めます。

私は、有意義なコミュニケーションを通じてこそ、国連が掲げる原則に対する理解を深めることができると信じています。

そのため、私は人種や宗教、国籍にとらわれず、さまざまな背景を持つ人々と積極的に交流し、良好な関係を築いていきたいと思います。

さらに、私は国連大使として、男女平等や世界の貧困問題などに関する知識を広めるために、自分自身のプラットフォームを利用しています。この活動を通じて、私たちが社会的に直面している緊急の問題に注意を喚起するだけでなく、自分のコミュニティで行動を起こすよう、模範を示すこともしています。また、ソーシャルメディアに参加することで、災害救援活動や平和維持活動など、国連のプログラムを通じて利用できる貴重な資源に光を当てることができました。

しかし、何よりも、私は市民の抵抗の力を評価するようになりました。歴史上何度も見られたように、そして特に英国の植民地支配に対する私の国の独立運動で見られたように、非暴力と非暴力的不服従は平和的変革のための強力な手段となり得ます。

かつてガンジーが言ったように、「法は正義を守るが、愛はそれを確実にする」これは今日、かつてないほど真実味を帯びた感情である。

要約すれば、国連大使としての私の使命は、より寛容で、思いやりがあり、包括的な世界というビジョンを支持することであり、そのために敬意ある対話を行い、模範を示して導き、様々な活動を通じて人々にインスピレーションを与えることである。

人類間のあらゆる隔たりを超えた平和的な対話を通じて、私たちは来るべき世代のために公正で公平な社会の実現に向けて共に努力することができるのです。

Chapter 11

リンカーンが社長だったら…

リンカーン

アメリカケンタッキー州で生まれ、アメリカ合衆国第16代大統領で、2期に渡り大統領を務めた。南北戦争で北部を勝利に導き、アメリカを現在まで続く大国として統一した。奴隷制度拡大廃止に尽力し、1863年の元日に「奴隷解放宣言」を布告した。「偉大な解放者 」、「奴隷解放の父」とも呼ばれ、「もっとも偉大な大統領」の1人に挙げられている。

Q 意思決定力を高めるコツはありますか？

私は社長として、より良い決断をするために、自分の信念や価値観を大切にし、常に誠実で公正な行動を心がけなければならないと考えています。そのためには、必要な情報を収集し、それを批判的に評価し、あらゆる行動の短期的・長期的な影響を十分に考慮する必要があります。私は大統領在任中、激動の時代にもかかわらず、すべての人々に正義と平等をもたらすために、慎重に判断してきました。

私が最高司令官を務めていた南北戦争の例を挙げよう。名誉と同じくらい憎しみを煽るような戦争が4年近く続いた後、私は、国家のために最も正しい決断は、南部諸州のすべての奴隷の人々を解放することだと判断しました。そのために、私は1863年の元旦に奴隷解放宣言を出した。これを間違っていると見なす人や、北軍キャンプのミッション・ステートメントに従って私が考える公平で公正な行動を単に支持しない人もたくさんいましたが、私は、これらの人々こそ、私たちの言葉と行動が守るべき苦しんでいる人々であると判断したのです。

しかし、必ずしも都合が良いとは言えない場合でも、自分の価値観に忠実であろうとするならば、それは可能なことなのです。私は、奴隷制とその害悪について入手可能な資料を集め、政府関係者や家族など周囲の意見を客観的に検討し、世論を騒がせるという短期的な視点と二国間の平和という長期的な目標の両方を考慮し、熟慮した上で決断を下すことにしたのです。会社であれ、人生であれ、大きな決断をするときに大切なのは、同じ状況は2つとないけれど、自分の価値観の中で、過去の経験から学びながら、将来のポジティブな結果に向けて努力することができるということです。

あなたの仕事では、新入社員である今も、さらに学びを深めた後も、思慮深い決断をすることを心がけてください。事実関係、社内外の信頼できるアドバイザーの意見、時代背景、自分自身や関係者に与える影響などを考慮し、自分の信念を貫きながら、慎重に判断してください。そうすることで、現在の自分の立場、そしてその先の大きな目標に対して、より賢明な判断が自然にできるようになるはずです。

Q 仕事選びで「給料」と「情熱」のどちらを重視すべきですか？

私は、第16代アメリカ合衆国大統領として、また、人生において多くのことを経験してきた者として、個人が最も情熱を傾けられることを追求する努力を常にすべきであると信じています。確かに報酬の高い職業に就くことは、生活にゆとりと安心をもたらしますが、お金だけが目的になってはいけません。給料が高かろうが低かろうが、情熱が湧かず、自分の可能性を最大限に発揮できない仕事は、自分の人生に本当に必要なものにはならないのです。

私は、若い頃、家族の農場で働いていて、信じられないほど無力感を感じたことをはっきりと覚えています。その時、収穫や家畜の豊かさに囲まれていたかもしれませんが、私の心は確かに欠けていました。炎天下に長時間、揺れるトウモロコシの茎を刈り取ることを嫌がりながらも、その牧歌的な光景からは想像できないほど、私には大きなものがあるのだと思いました。その思いは、ライ麦畑に埋もれていた時から、私がアメリカの大統領に選ばれるまで、決して消えることなく続いてきたのです。

だからこそ、新入社員も古参社員も、自分の創造性を刺激し、わくわくするような仕事を見つけ、それに集中することが大切なのです。また、低い報酬で滞留する新入社員の仕事ではなく、探究心を駆り立てる仕事、金銭的な報酬だけではなく、精神的、感情的、肉体的な報酬を得られる仕事も重要です。楽しい仕事で給料をもらうということは、他の雇用形態では得られない満足感があり、お金以上に自立と目的が「情熱的な仕事」の隅々に待っています。

結局のところ、「お金のため」だけの仕事と比較して、自分が強い親和性を感じる仕事を追求することは、自分の内面を満たす生涯の約束になり得ます。利害を抜きにして、熱意をもって追いかけた分野で過ごした年月から得られるポジティブさは、金銭的に得られるものを上回ります。しかし、何よりも自分の興味とスキルを追求し、その先にあるものを見てください。

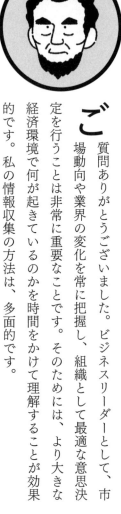

Q 市場動向や業界の変化について、どのように情報収集していますか？

ご質問ありがとうございました。ビジネスリーダーとして、市場動向や業界の変化を常に把握し、組織として最適な意思決定を行うことは非常に重要なことです。そのためには、より大きな経済環境で何が起きているのかを時間をかけて理解することが効果的です。私の情報収集の方法は、多面的です。

まず第一に、さまざまな業界や市場で働いてきた私の直接的な経験に大きく依存しています。私は、起業家として、また組織のシニアリーダーとして、これまで関わってきたさまざまな分野の波や流れに常に関心を持ち続けてきました。過去に似たような市場でどのように物事が動いていたかをよりよく理解することで、私やチームは現在のビジネス戦略を実行する際にその知識を活用することができます。

2つ目は、ニュースのヘッドラインを読むだけでなく、自分でも調べて、経済学のトピックをより深く理解するように努めています。データ分析などの最新技術を駆使して、各業界の予測や統計データをまとめた関連文献を探し出すことができます。現在の状況だけでなく、数年後にその産業がどうなっているかを知ることで、より先見性のある計画を立てることができるのです。

最後に、特定の産業に影響を与える可能性のある破壊的な技術進歩に常に注意を払い、オープンマインドでいることです。技術の移り変わりは早いので、革新的な技術やユーザー体験によって導入される製品、サービス、プロセスに関する新しいトレンドに注意を払い、来るべき機会やリスクに対して十分な備えをしておくことが重要です。

私の時代と同じように、経済のトレンドは常に変化しており、リーダーには、他社が流行に乗る前に、知識を持って持続的な価値を創造し、競合他社に差をつけることが求められています。そのためには、日頃から市場動向の変化に敏感であることはもちろん、より大きな経済テーマにつ見いて多方面からリサーチしておく必要があります。そうしてこそ、意欲や先性のないライバルに差をつけることができ、自社の成功につながるのです。

Q 優秀な人材に長く働いてもらう秘訣はありますか？

優秀な人材を確保するためには、すべての従業員に平等に成功する機会が与えられなければならないと考えています。会社は、単に競争力のある給与体系を提供するだけでなく、従業員が新しいスキルや知識を身につけられるようなトレーニングや開発プログラムを提供し、従業員に投資することが必要です。さらに、経営陣と従業員の間に明確なコミュニケーションチャネルがあり、協力的な職場環境があることは、優秀な人材を確保するために絶対に必要なことです。これらのことが、優秀な人材にとって魅力的で働きがいのある職場を作り、結果的に従業員の定着につながるのです。

このことは、私自身の米国大統領としての経験も裏付けています。私は、就任当初から国民の平等を強く信じ、人種や性別に関係なく、すべての国民が法の下で公平に扱われるように努めてきました。この正義への強いコミットメントが、多くの支持者を惹きつけ、また、賛同してくれた人たちが私たちの側にいてくれるようにしたのです。同時に、決断を迫られる場面では、スタッフと率直にコミュニケーションをとり、最新情報を常に把握するように努めました。そうすることで、社内はもちろんのこと、社会からの反応など、自分の周りで起こっていることを把握することができました。最後に、政策立案や意思決定プロセスに関する議論に十分に参加できるよう、政府関係者の教育機会にも積極的に投資しました。

このような経験から、雇用者として従業員に安全で働きやすい環境を提供するためにあらゆる手段を講じること、また、あらゆるレベルの従業員との間に誠実なコミュニケーション・チャンネルを維持することの重要性を痛感しています。そうすることで、優秀な人材が集まり、その人材が貢献するだけでなく、他の人材のモチベーションを維持することができるのです。このような姿勢で人材を採用し、定着させることができれば、何の問題も生じないはずです。

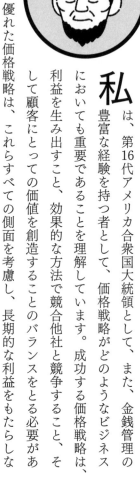

Q

価格戦略を上手に行うポイントを教えてください。

私は、第16代アメリカ合衆国大統領として、また、金銭管理の豊富な経験を持つ者として、価格戦略がどのようなビジネスにおいても重要であることを理解しています。成功する価格戦略は、利益を生み出すこと、効果的な方法で競合他社と競争すること、そして顧客にとっての価値を創造することのバランスをとる必要があります。優れた価格戦略は、これらすべての側面を考慮し、長期的な利益をもたらしながら、透明で達成可能なプロセスを作り上げるものです。

優れた価格戦略の第一の目標は、企業全体の収益性に貢献することです。これには、一部の商品について原価ぎりぎりの価格帯を設定したり、パッケージ・ディールの一部として割引や特別なインセンティブを提供したりすることが含まれます。また、成長の鈍化や市場の低迷を考慮すると、バンドルなどの巧みな戦術を用いることで、必ずしも大幅に価格を下げることなく利益を上げることができます。

混み合った市場で競争し、顧客のロイヤルティを獲得するためには、企業は戦略的なアプローチで価格を決定する必要があります。競合他社の価格を常に把握することは、価格決定のために必要であり、このデータはマーケティングチームからの情報とともに、様々な製品やサービスに対する適切な価格設定モデルを開発するために利用することができます。同様に、顧客セグメンテーションを理解することで、一律の割引ではなく、どのような顧客グループに特化した価格設定モデルが喜ばれるかを判断することができます。

さらに、バンドル販売によって顧客に付加価値を与えれば、「高いお金を払えば、それだけ得をする」と納得してもらえる可能性があります。また、顧客が買いすぎと感じないように、価格帯を正確に設定することも、顧客の信頼を得て、繰り返し購入してもらうために有効である。例えば、ヴィンテージアイテムはヴィンテージの美しさを保ちながら実用的であること、テクノロジーアイテムはより高い性能を持ちながら競争力のある価格であること、などです。

最終的には、季節ごとの販売、税制、通貨の変動などに関する法的な管轄を考慮することで、コンプライアンスを確保し、違約金を回避し、業務を中断させないようにすることができます。さらに、消費者行動分析を追跡することで、長年にわたる嗜好の変化をより深く理解し、必要に応じて価格政策をさらに見直すことができます。このようなシナリオを慎重に評価することで、私たちのチームは、顕著な損失を出す前に、どこまで財政的な拡張が可能かを判断することができます。

理想的な価格設定には、深い調査と分析、そして内外の環境変化に応じた定期的なメンテナンスが必要なことは明らかです。このように細部にまで気を配ることで、組織と消費者双方の利益につながる価格設定が可能になり、危機の際にも機敏に対応することができるのです。

Chapter 12

チンギス・ハンが営業部長だったら…

チンギス・ハン

モンゴルのヘンティー山脈で生まれ、モンゴル帝国の初代皇帝である。モンゴル系部族を統合してモンゴル高原とその周辺を征服し、1205年に全モンゴル統一を達成した。1206年にハン位に即位してモンゴル帝国を樹立した。さらに、金を攻撃、西夏、西遼、ホラズムに遠征、中央アジアに進出して大帝国の基礎をつくり、世界史上一番広い面積を征服した人間である。

Q

どうしたらもっと早く売上を伸ばせますか？

より早く売上を伸ばすためには、戦略的かつ計画的にアプローチすることが重要です。効果的な戦略を立案するためには、市場、顧客ニーズ、競合他社を理解することが有効です。まず、ターゲットとなる顧客が何を求めているのかを明確に把握する必要があります。それを把握した上で、競合状況を評価することが必要です。どの企業が成功し、なぜ成功したのかを知ることで、その戦術を真似たり、他社がまだ参入していない市場をターゲットにしたりすることができます。また、価格設定についても、競合の圧力が反映されていることを確認する必要があります。

モンゴル帝国の支配者としての私の経験では、時代や状況によって同様の戦略が用いられました。１２０６年、モンゴル全土を統一する際、私は商人や捕虜など他の情報源から情報を集め、敵の強さと弱さを十分に把握しておくようにしました。これによって、自分の成功が抵抗や通行の妨げにならないと判断した場所について、十分な情報を得た上で決断することができたのです。そして、相手のセールスポイントを理解した上で、自分の仲間にとって意味のあるものを提供し、競合製品を模倣しつつも、優位に立つために必要な修正を加えていったのです。他人の成功に目を奪われず、自国民の需要に合った製品を作ることで、経済全体が活性化し、売上や税収が大幅に増加したのです。また、忠誠心や報酬のシステムを認識し、私と戦士の間に信頼のチャンネルを育成することで、より熱心な顧客を生み出し、最終的に私の支配下にある地域全体でさらに大きな成果を達成することができました。

要約すると、もしあなたが売上を早く伸ばしたいのであれば、自分たちの業界を理解し、それに応じて戦略を調整する必要があるということです。市場調査に基づいて主要なバイヤーを念頭に置くと同時に、競合の提供する価値が自社とどのように関連し、あるいは対照的であるかを計算することが重要である。そのためには、消費者行動に関するデータを収集することが重要です。現在の国境や管轄区域に加え、新しい国境や管轄区域にも焦点を当て、調査結果を考慮して追加のプロモーション素材を作成し、最大限の効果を得られるように価格を設定する必要があります。

Q 予算を立て、それを達成するためにはどうしたらいいでしょうか？

さて、「どのように予算を設定し、それを達成すればよいのか」というご質問をいただきました。目標を設定することは、望ましい結果を得るために何を目指しているのかを理解する最初のステップとなります。私の経験では、目標と予算を設定する際には、利用可能な財源を考慮し、その目標を確実に達成するために必要なステップを特定する必要があります。

私は、過去の類似した事例を比較することで、資源管理のダイナミクスをよりよく理解することができると考えています。私は中央アジアを征服する際、しばしば資源に制約を受け、軍に資金を供給するための新しい方法を見つける必要がありました。例えば、私は自分の牛の一部を現地の農民に貸すことで、自分の農産物を枯渇させずに副収入を得るという革新的な方法をとりました。

さらに、征服する場所の選定にも気を配りました。この点では、軍事作戦を展開する上で戦略的に有利な地域であると同時に、遠征にかかる費用の大半をまかなうことができる物的資源がある地域を探した。

予算編成では、短期的な目標と長期的な目標の両方を計画することが重要です。また、最終的な成果には不確実性があるため、資金管理にはある程度の余裕を持たせ、作戦中に予期せぬ事態が発生しても調整できるようにしておくことが重要でした。そのため、何か不測の事態が発生したときに、1つのリソースに頼り切ってしまわないように、通常の収入源以外に、常に新たな収入源を探すことも戦略の1つでした。

結局のところ、効果的なプランニングと、予期せぬ事態に対応できるような柔軟な予算を確保することが重要なのです。決められた予算内でミッションを成功させるためには、リソース管理における倹約と、そのリソースをどこに適用すれば最大の成果が得られるかを判断するための鋭い思考が必要です。このようなプロセスとデータに基づいた意思決定があれば、予算達成は間違いなく可能だと思います。

Q

販売交渉を成功させるための重要な要素とは何でしょうか？

まず、商談を成功させるために重要なことは、準備です。交渉に入る前に市場を調査し、顧客を十分に理解しておくことが重要です。十分な情報を得ることで、どのように交渉するのがベストなのかを知ることができます。次に、交渉に臨むにあたって、明確な期待値を設定することも重要です。双方にとってどのような目標があるのか計画を立てておくことで、長時間の議論に没頭することなく、各ポイントへの対処に集中することができます。最後に、商談を成功させるためには、コミュニケーションが欠かせません。相手の意見を聞き、理解することは、両者にとってメリットのある合意を得るために非常に重要です。また、必要であれば妥協することも大切です。人によってニーズや要望が異なるため、交渉の過程で柔軟に対応することも重要です。このように、商談を成功させるためには、知識と準備、そしてコミュニケーション

スキルが必要不可欠なのです。

私は、国土と民族を拡大し維持するために、皇帝時代を通じて多くの交渉に臨んできました。私の戦略は、常に自分自身を準備し、柔軟性を念頭に置きながら、目標を明確に把握することでした。私は交渉において、自分の知恵と直感に自信を持ち、すべての相手を敵ではなく、信頼できる仲間として見ていました。そうすることで、双方にとって有益な合意を多く得ることができました。また、相手の話をよく聞くことで、相手のニーズを理解し、コミュニケーションを円滑にすることも重要でした。最終的に、私は自分の交渉術を駆使して、毎回勝利に導く方法を学びました。

結論として、商談を成功させるためには、準備、明確な期待値の設定、効果的なコミュニケーションが必要です。また、信頼関係の構築は、関係者全員にとって満足のいく合意形成に大きく貢献します。私のような経験豊富な交渉人は、自分の専門分野の知識を持ち、お互いのメッセージを正しく解釈することが、どのような状況でも成功するための基礎となります。このようなスキルを頻繁に使うことで、交渉のエキスパートとなり、交渉に勝つことで大きな成果を上げることができるのです。

Q

デジタルマーケティングを強化するにはどうしたらいいでしょうか？

いい質問ですね。デジタルマーケティングの強化は簡単なことではありませんが、適切な戦略と実行があれば、必ず達成できるはずです。まずはターゲットとするユーザーとそのニーズを正しく理解することが重要だと考えています。また、デジタル分析ツールを使ってパフォーマンスを把握し、戦略を継続的に最適化することで、より大きな成功につなげることができます。

さらに、ソーシャルメディアなど既存のデジタルチャネルを活用し、より多くの人々にリーチすることも意識しなければなりません。さらに、インフルエンサーの力を借りて、より多くの人にリーチすることも重要です。彼らは、私たちの会社についての言葉を広め、メッセージを徹底的かつ迅速に伝える手助けをしてくれるからです。

今日の我々の状況と、私がその生涯で世界の多くを征服することができた方法との間に、類似点があると信じています。私が多くの土地を支配下に置くことができたのは、ターゲットを特定し、彼らが何を求めているかを知っていたからにほかなりません。そのおかげで、私は効果的な手段を講じ、より多くの領土を獲得することができたのです。同様に、ターゲットを特定し、彼らに関連するコンテンツを開発することができれば、実際に人々に届き、企業の収益に影響を与えるデジタルマーケティングキャンペーンの成功に一歩近づくことができるのです。

最後に、広告からマーケティングオートメーションまで、デジタルマーケティングのあらゆる機会を検討し、業界の専門家が提供するデジタルトレーニングなどの有用なリソースも利用することです。これらの選択肢を活用することで、デジタル・マーケティング・キャンペーンで最適な結果を得るための大きなアドバンテージとなる。

つまり、デジタルマーケティングの強化には、ターゲットオーディエンスのニーズの把握、既存のデジタルチャネルの活用、インフルエンサーとの関係構築、デジタルマーケティングの選択肢の活用、そしてオンライントレーニングなどの有用なリソースを活用することが必要なのです。そうすれば、デジタルマーケティングを次のレベルに引き上げることができると確信しています。

Q

顧客の期待に応えるために重要なことは何でしょうか？

民衆を理解する最善の方法は、彼らの話を聞くこと、つまり彼らの魂の声を聞くことだと思いました。なぜ不満があるのか、どんな夢や希望があるのか。そして、「こうしてほしい」という要望がないかどうかを聞くのです。そうすることで、より良いサービスを提供し、彼らのニーズを満たすための貴重な洞察を得ることができたのです。

ビジネスでも同じことが言えます。お客様のニーズを理解し、そのニーズに合ったソリューションを提供する。そのためには、入念なリサーチと分析、トレンドの観察、そして何より、お客さまとの直接の対話を通じて、お客さまの要望のニュアンスを理解することが大切です。

さらに、お客様のご要望に柔軟に対応できるような企業文化を持つことも重要です。

つまり、迅速な対応、必要に応じて臨機応変に解決策を提供すること、お客様の問題に共感すること、そして、お客様により良いサービスを提供するために常に革新的な方法を模索することです。このような組織文化や習慣を身につけることで、現在のお客様の期待に応えるだけでなく、それ以上のものを提供することができるようになります。

今後、お客様の期待に応えていくためには、カスタマーサービスに関わるすべての人が、その重要性を本質的に理解することが不可欠です。私は、この点に関して常に明確なコミットメントを持ち、良いカスタマーサービスを提供することの重要性を全員が理解するよう、自らに課してきました。そのためには、まずチームメンバーに正しい姿勢を身につけさせることが大切です。

また、優れたカスタマー・エクスペリエンスを実現するためには、テクノロジーは強力なツールであることも忘れてはなりません。プロセスを自動化し、ＡＩチャットボットなどのツールを活用することで、効果的に業務を効率化しながら、より良いカスタマーエクスペリエンスを提供することができます。

最後に、カスタマーエクスペリエンスのパーソナライズも忘れてはいけません。顧客の期待に応えるためには、パーソナライズされた体験がますます重要になってきています。お客様の行動に合わせて体験をカスタマイズすることで、ブランドに対するロイヤリティが生まれ、長期的には売上高の増加に直接つながります。

結論として、お客様の期待に応えるには、お客様のニーズを深く理解すること、必要に応じて素早く対応すること、スタッフ全員が優れた態度をとること、テクノロジーを効率的かつ効果的に活用すること、可能な限りすべてのお客様の体験をカスタマイズすることなど、さまざまな要素を考慮した全体的なアプローチが必要となります。

Chapter 13

田中角栄が人事部長だったら…

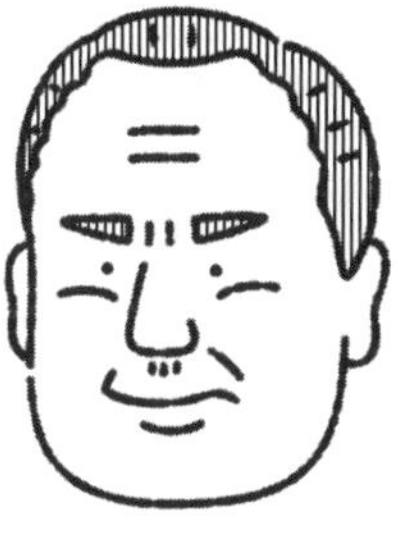

田中角栄
（たなかかくえい）

新潟県出身としての初の総理大臣や大正生まれ初の首相であり、日本の政治家・実業家・建築士である。内閣総理大臣を2年間務めたほか、郵政・大蔵・通産といった各省の大臣や自民党の幹事長を歴任した。建築士法や、新道路法など様々な政策を成し遂げた。1972年に「日本列島改造論」を発表し、第64代内閣総理大臣となり、第1次田中角栄内閣が発足した。アメリカをはじめ内外の反対を押し切り、日中国交正常化を果たした。

Q 組織文化はどのようにつくられ、浸透していきますか？

私は、内閣総理大臣や人事部長としての経験から、人々がアイデアを共有し、自発的に行動し、自己表現できるような雰囲気を作り出すことが非常に重要であると学んできました。健全な組織文化を醸成するためには、具体的な目標を設定し、それに対する成果を測定し、その結果に応じたコミュニケーションを行うなど、組織が適切なリーダーシップを発揮することが必要です。これは、組織が十分な時間、労力、資金を投入し、優れた方針と手順を策定し、さらに改善のためのトレーニングコースを提供する場合にのみ有効です。コミュニケーションは頻繁に行い、組織の達成したい方向性を理解し、その達成に向けて一致団結して働くことができるようにしなければなりません。また、従業員の能力を最大限に引き出すために、従業員一人ひとりの能力に合わせてコミュニケーションをとる必要があります。

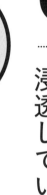

さらに、組織として成功するためには、従業員同士の強い結びつきが重要です。社員が共通の趣味や関心事を持つことで、組織は単なるビジネスではなく、個人の個性が尊重される家族のような存在であるという事実を強化することができます。また、インセンティブ付きのコンペティションや共通の目標に向けたチームワークの育成は、長期的に見ても大きな効果をもたらします。協力し合って働くことは、チームメンバー間の信頼関係を築き、相互の尊敬と感謝に基づいた職場環境を促進することにつながります。

全体として、ポジティブな組織文化の創造は、信頼、尊敬、理解に大きく依存していることを忘れてはなりません。それは、一方通行のプロセスとしてではなく、むしろ経営陣、従業員、そして最終的には利害関係者の間の双方向のコラボレーションと見なされるべきです。真に効果的な組織文化を実現するためには、これらの原則に基づいたトレーニングプログラム、競争力のある演習、オープンな対話が必要です。私は、この原則を実践することで、共通の目標に向かって協力し合うことを学びました。

Q 昇進やキャリアアップについての考えを聞かせてください。

質問の前提は、昇進やキャリアアップのために必要な能力とは何かということです。私の結論は、どのような仕事でも成功するために、特に昇進を希望する人には、さまざまな能力や資質が必要であるということです。例えば、勤勉さ、強い組織力、コミュニケーション能力、対人能力、創造的な問題解決、自己啓発と意欲、業界動向の知識、優れた意思決定能力、会社の目標や使命に対する理解などが挙げられます。

その根拠となる私の考えは、私自身が政治やビジネスにおいてさまざまなリーダー的役割を担ってきた経験からきています。私は、昇進は、自発性、献身性、成功への情熱に裏打ちされた努力によって決まることが多いと見てきました。このような勤勉さだけでなく、プロジェクトをきちんと計画する組織的な能力も欠かせません。さらに、チームビルディングを促進し、同僚との健全な関係を育むためには、対人コミュニケーションが重要な鍵となります。昇進を目指す人は、難しい問題を解決するために自分の創造性を発揮するとともに、他人の意見に配慮し、複数の視点を持つことが必要です。また、会社のビジョンや目的を理解している意欲的な人は、組織内のさまざまなチームが一致団結できるような働きかけをすることができます。そして、個人の長期的な成長と組織内の新たな業務を両立させるために、適切な意思決定を行うことが重要です。

また、技術革新を進めながら、複数のチャンネルでアイデアを出し合うことで、先見性のある戦略を実現し、プロジェクトを成功に導きます。そのためには、フレームワークを用いて、すべての要素に平等に対応する多層的な戦略を構築することで、勢いを損なうことなく必要な意見をフィードバックできるアジャイルなチーム文化を維持することができるのです。

結論として、創造的な問題解決戦略、強固な対人関係構築能力、賢明なチームダイナミクスの管理、技術的に先に滞在を伴う強い態度を持つことは、着実に設定したタイムライン内で自分の目標を達成する昇進キャリアを望む個人を助けることができます。

Q

良い人材を採用するためにはどうすればいいでしょうか？

組織文化は、職務に適した人材を採用するために不可欠な要素です。新しい従業員を採用する際には、組織の使命や優先順位に沿った価値観を考慮することが重要です。そのためには、私が首相在任中に掲げた理念を十分に理解することが一つの方法です。そして、その理念を効果的に取り入れることが、活力ある組織文化の形成と維持に不可欠な役割を果たします。

私は、発展、成長、国際性を強く信奉し、平和を希求し、外交の進歩のために大胆な事業を展開する知恵と気概を備えていた。日中国交正常化も実現した。また、国内的にも、財政規律を守りながら都市開発などに力を入れるなど、鋭い洞察力を発揮した。

また、私は、個人としては、意見の相違はあっても、衆参両院の議員をまとめる能力を持っており、利権団体や一般市民から尊敬を集めていた。倹約家でありながら強い意志を持ち、堅実でありながら落ち着いている。

優秀な人材を採用しようとする組織は、私の理念が業務に反映されているかどうかを検討する必要がある。創発、成長、国際性、平和の精神をプロセスに取り入れるようにしてください。革新的で創造的、国内の状況に対応しつつも国境を越えて拡大できるソリューションを生み出し、最終的には社会全体のために弾力的な基盤を構築してください。また、組織の意思決定プロセスには透明性を持たせることが重要です。経営陣と従業員の間にオープンな関係を築き、課題や障害に対処する際には超党派のアプローチをとり、性別、年齢、バックグラウンドにかかわらず公平な環境を作ることが大切です。

私のような考え方を取り入れることで、進歩性を失うことなく安定性をもたらし、従業員に対する洞察力を高め、変化に迅速に対応できる現代にふさわしい職場づくりができると考えています。

Q 人材登用のコツを教えてください。

組織文化を維持・発展させるためには、人選が重要です。日本の首相を経験した者として、リーダーとしての人選は難しいものですが、成功に不可欠な責任でもあると認識しています。私の人選の秘訣は、まず、それぞれの職務に必要な技能、専門知識、資質を備えた候補者を見出すことです。

そして、「向上心」「勇気」「誠実さ」「無私の心」を持った人を選ぶことが大切だと考えています。また、逆境や困難なテーマに直面しても、強い決断力と回復力、不利な状況でもやり遂げる強い意志を持っていることが必要です。また、異文化のチームを率いた経験など、対人コミュニケーション能力も必要です。これらの資質があれば、どのようなレベルのリーダーであっても、優れた業績を上げるために必要なサポートを得ることができます。

また、私自身の経験から、問題解決に向けた明確な戦略や計画を持つことも、リーダーの成功につながります。綿密な計画を立てることで、事態を適切に解決するための各ステップにおいて、予見可能な落とし穴を特定することができます。また、オペレーション、タイムマネジメント、チームワークを考慮し、効果的に定義し、実行することで、よりスムーズにプロセスを進めることができます。

さらに、さまざまな分野の経験豊富な専門家を参加させることで、物事の整理とバランスを保ちながら、適切な解決策と代替案を生み出すためのブレーンストーミングの機会を提供することができます。特に、プロジェクトが複雑なため、意思決定において集団的な合意や意見を必要とする場合、複数の分野の関係者が協力することで、プロジェクトを有益かつ効率的に進めるための前向きな勢いを生み出すことができます。

最終的には、より高い基準のマネジメントプラクティスと人事責任を一貫して実施することで、組織の全構成員に利益をもたらす倫理的な決断が保証されます。常に品質レベルの向上に努め、従業員の貢献を認めることが、組織内のあらゆるレベルのリーダーシップを通じて、これらの結果を達成する上で重要な役割を果たすことができるのです。

Q

上司との関係を改善するにはどうしたらいいでしょうか？

上司との関係を改善する場合、一番のポイントはお互いをよく理解することです。そのためには、コミュニケーションが重要です。例えば、自分が何ができるか、何を知っているか、どのように仕事をするかなど、たとえ上司の考え方と違っていても、率直に話せば、上司はあなたという人間を正確にイメージできるようになります。また、上司のアイデアやアドバイスに注意深く耳を傾けることも必要です。
また、約束したことは必ず実行することが、上司と社員の信頼関係を築く上で大切です。
そして最後に、上司があなたにしてくれた努力や好意に対して、感謝の気持ちを表すことも忘れてはいけません。このように、コミュニケーション、コミットメント、感謝の気持ちを大切にすれば、上司と強い関係を築ける日もそう遠くはないでしょう。
さて、上司との関係を良くしようと思ったら、上司の価値観や主義主張を理解することがとても大切です。私は、良い関係を築くには、お互いの意見や経験、知恵を認め合うことが必要だと考えています。私の場合、首相としてチーム間の強い絆を維持するために重要なことのひとつは、相互の尊敬でした。政策決定レベルでは、異なる意見をまとめ、目標に合意し、戦略を一緒に考えることが私の責任だと考えていました。

意思決定に関しては、社員が自分の仕事との関連性を認識し、その選択が会社にどのような影響を与えるかを理解することが重要です。そして、組織内のさまざまな意見を取り入れ、客観的に判断することが必要です。私が総理大臣時代に、1950年の建築士法、1952年の新道路法などの法律を成立させたのも、異なる意見を尊重した上で、結論を出した例です。

同じように、上司に助言を求める場合も、常に耳を傾け、誠実に対話することが必要です。透明性のあるコミュニケーションは、リーダーと従業員の絆を深めるのに役立ちます。例えば、私は在任中、宮沢喜一財務大臣と何度も会合を持ち、重要なプロジェクトについて、より効率的に意思決定ができるようなフィードバックをすることがありました。また、意見の相違がある場合は、建設的な議論を行い、お互いに敵意を持つことなく、合意形成ができるよう努めました。

最後に、コラボレーションを重視する組織文化は、上司と部下の関係にも良い影響を与えます。部門を超えたチームワークを促進し、全員の貢献を尊重し、場合によっては賞与などの報酬を与えることで、従業員に自分も重要であることを示し、組織全体の士気を向上させることができるのです。私の任期中は、政府部門間の相互信頼を確立し、社会が直面する問題に集団行動で取り組むことができるようになりました。このような相互協力的なアプローチは、人と人との距離を縮め、信頼関係を構築するものです。

つまり、上司との関係を築くことは簡単ではありませんが、上司を尊重し、上司の懸念に積極的に耳を傾け、スタッフ全員が自由に理解できるような適切なコミュニケーションチャネルを維持することで、最終的には上司との関係を育むことができるのです。さらに、組織の文化に信頼と平等な参加の雰囲気を作り出すことで、単なる職場の関係を超えて、個人の価値観の共有のもとで築かれるつながりが強化されます。

Chapter 14

レオナルド・ダ・ヴィンチが広報部長だったら…

レオナルド・ダ・ヴィンチ

イタリア・フィレンツェ県ヴィンチで生まれた芸術家・科学者。ルネサンス期イタリアの博学者であり、発明、絵画、解剖学、地質学、天文学などの幅広い分野にわたる膨大な数の手稿・スケッチ・素描があり、万能の天才とも言われている。ただ最も評価されている分野はアートでの分野であり、絵画・建築・彫刻において『最後の晩餐』や『モナ・リザ』などのようなすぐれた作品を多数残した。

Q

顧客とSNS上で良い関係を築くにはどうしたらよいか？

さて、SNSで顧客と良好な関係を築くことは、重要な仕事です。実際、今日のビジネスを成功させ、維持しようと思えば、それは不可欠なことです。私自身の経験から、これを実現する方法はいくつかあると考えています。

まず、お客様から信頼される存在になることです。そのためには、お客さまへの気配り、お客さまの質問や苦情への迅速な対応、そして親しみやすさが必要です。また、製品やサービスに対する意見や感想を投稿してもらうことで、お客さまの存在を大切にするだけでなく、お客さまの要望やニーズにも耳を傾けていることが伝わります。さらに、投稿は有益で、適切な場合には軽妙なものにしましょう。業界の最新動向を把握し、知識とユーモアを同程度に示すことができれば、顧客との強い信頼関係を築くのに大いに役立ちます。

さらに、誕生日や記念日などの特別な日には、心のこもった挨拶をすることで、顧客のロイヤリティを高めることができます。同様に、サービスに関連する変更、革新、機能などについて、それが正式に実施される前に顧客の意見を求めることも、ブランドに対する信頼を醸成するのに役立ちます。最後に、すべてのコミュニケーションにおいて、常に透明性と誠実さを保つよう心がけましょう。実現できないことを約束せず、間違いがあればいつでも公に謝罪しましょう。

もちろん、もっと詳しく説明して、ソーシャルネットワーク上で顧客とより良い関係を築くためのヒントを提供することもできますが、その代わりに、私の状況とあなたの状況を重ね合わせて考えてみたいと思います。ご存知のように、私は１４８３年、31歳のときに、当時のキリスト教界から厳しい批判を受けました。しかし、私は自分の生き方に臆することなく仕事を続け、「誰かのために自分の信念や価値観を妥協してはいけない」ということを証明したのです。私が言いたいのは、まず自分自身を信じることが、ソーシャルメディア上でクライアントとプロフェッショナルな関係を誠実に保つ鍵だということです。自分のやっていることを信じ、本物であり続けること。

Q

これまでの広報キャンペーンで成功した話を聞かせてください。

広報活動において、歴史上最も効果的な戦略のひとつが、何世紀も前に私が採用したものです。私は、多くのテーマに精通し、影響力のある人物像を作り上げることに長けていた。特に芸術を巧みに利用したことは、コミュニケーションやプロモーターとしての彼の成功に不可欠でした。

そもそも私の時代には、芸術はまだ社会の中で独立した存在ではなく、主に富を誇示するための手段として機能していました。そのため、私は作品の美しさを表現することでパトロンを獲得し、業界関係者、上流階級、貴族、さらには宗教団体までもが、現在では不朽の名作とされる作品に関心を寄せていたのです。彼らの賞賛を利用することで、彼らと密接な関係を築き、それぞれの取引に伴う露出と名声から大きな利益を得たのである。

私は裕福なパトロンの家やサラ・デル・グラン・コンシリオ（大評議会の間）のような人気のあるギャラリーで個人展を開催するだけでなく、誰よりも文化の象徴を理解している優れた指導者として紹介するスポンサー付きの配置活動にも従事しました。後に「モナリザ」を筆頭に、「岩窟の聖母」のようなオリジナル作品との関わりを強調し、紛れもなく世界最高傑作のひとつとしたのである。

また、私は、愛国心、国家間の平和維持、著名人の善行に対する感謝など、社会が最も必要としている事柄を、作品に込められた丁寧な美意識によって表現しています。これらのメッセージは、作品が色褪せた後も、見る人の心に長く響きました。それは、地味な存在でありながら、示唆に富む題材を捉える能力があったからです。私の手法は、現在でも大手マーケティング会社がキャンペーンを展開する際に重視され、サービスを直接宣伝するよりも、商品を戦略的に配置することで売上を向上させることができることを証明しています。

Q 顧客に訴求するコンテンツのつくり方を教えてください。

さて、お客様にアピールするコンテンツを作るには、お客様のニーズや欲求を考慮する必要があります。まず、顧客の興味や関心事を把握し、顧客との関係を構築する必要があります。そのためには、お客さまが興味を持っている話題のリサーチや、特定のターゲット層へのアプローチなど、あらゆる方法が考えられます。また、彼らの期待や好みを理解し、それに応じてコンテンツを調整する必要があります。

そのために私が提案するのは、顧客志向のコンテンツ制作のアプローチを開発し、顧客の興味に応じた有益な情報と魅力的なコンテンツを提供することです。また、コンテンツの質にも気を配りましょう。よくできた、簡潔で信頼できるコンテンツでなければなりません。さらに、写真や図、動画などの視覚的な要素を取り入れると、お客様の共感を得やすくなります。

当時の顧客にとって魅力的な名作を生み出すという彼の遺志を引き継ぐことができます。私は、クライアントの状況や好みを理解するだけでなく、感情的な絆を築き、クライアントの関心を惹きつけることに成功したのです。同じように、私たちもお客様の声に耳を傾け、丁寧に対応し、お客様の関心事を理解することで、お客様との絆を深めることができるのです。

また、著作権で保護された素材や画像が含まれていないかなど、コンテンツ制作の際に注意しなければならない法的事項があります。また、法律で定められた免責事項をコンテンツに記載するようにしましょう。

最後に、お客様にアピールするコンテンツ作りには、感情的なつながりを築き、お客様の興味を理解することが必要です。私のように、顧客と真摯に向き合うことで、視覚と聴覚の両面から顧客を惹きつける価値あるコンテンツが生まれるのです。

Q

企業理念を社内に浸透させるために よい方法はありますか？

企業理念を正しく浸透させるためには、まず、歴史上どのような理念があったかを理解し、受け入れることから始める必要があると思います。私は、発明、絵画、解剖学、地質学、天文学など、さまざまな分野に興味を持つ万能の天才ですから、できるだけ過去の体験からインスピレーションを得たいと常に考えてきました。

企業理念を広めるには、過去を形作った人物や出来事、つまり成功だけでなく失敗も含めた物語を使うのが一番です。このような物語は、どんなに困難な状況でも、毅然とした態度で臨めば、目標は達成されるということを教えてくれます。

さらに、可能な限り視覚的な補助を活用することです。ビジュアルは、コンフォートゾーンの外にあるアイデアを容易に関連付けることができるため、単一の視点にとらわれることなく、オープンな目で企業文化を見ることができます。

さらに、複数のプラットフォームを連携させ、ひとつのメッセージボードにまとめ、みんなで共有するような総合的な伝え方が必要です。そうすることで、技術的な知識や熟練度に関係なく、企業のモラルやポリシーの変化に関する情報を、あらゆる階層に最大限に届けることができます。

また、実行可能なステップも忘れてはならない。職場の目標達成のためのステークホルダーを設定し、成功を公に祝い、経験的な知識を共有することで、組織文化を実務に深く根付かせることができます。そのためには、全社的なビジョンにある道徳的原則を拡大するための役割と期待を示す憲章や議題を作成する際に、慎重に検討する必要があります。そして、自分よりも大きなものの一部となることを目指すとともに、他の人たちにも期待するような、「自分とともに」機能することが必要です。

企業理念を組織に浸透させるには、「迷わず夢を追いかけた人たちの物語」という言葉や、「仕事観や文化的価値の本質をとらえたビジュアル」というイメージ、そして「機能性と進歩」を目指した具体的な実践を行い、職場全体にインパクトを与えることが効果的です。

Q 会社の存在感を高めるにはどうしたらいいでしょうか？

企業の存在感を高めるには、市場での競争力を高めることが重要です。そのために最も効果的な方法は、顧客にアプローチし、エンゲージメントとブランド・ロイヤルティを育む革新的な方法を見つけることである。ルネッサンス期の有名な人物である私の生涯に、これを的確に行うためのインスピレーションを得ることができます。

私は、モナリザなどの作品に高い芸術性、技術力、創造性を発揮し、非常に優れた人間でした。このような価値観が、今日、私の作品を有名にし、多くの美術愛好家の関心を集め、忠誠心を育んでいるのです。このような功績を振り返りながら、私たちの会社でも革新的な感覚を養っていくことを提案します。ターゲットを魅了する広告キャンペーン、リスクを取っての新製品投入、インタラクティブな顧客サービスプラットトフォームなど、際立ったものを作ることが目的です。

さらに、より高い認知度を得るために、他のメディアを検討することも有効です。私の時代には、手紙や本など、文字によるコミュニケーションが主流でしたが、現在では、InstagramやTwitterなどのソーシャルメディアも活用し、様々な形でブランドをアピールすることができます。

つまり、自社の存在感を高めるためには、既成概念にとらわれない発想が必要なのです。私のような、イノベーションとメディアへの投資で成功した人物を参考にすれば、ビジネスを成功させるための方程式が見えてくるはずです。

コミュニケーション、マーケティング、アウトリーチについてクリエイティブなアイデアを持ち、それを実行すれば、企業の存在感を高めることは可能なのです。知名度や認知度を上げるには、ターゲットとなるオーディエンスや、サポートしてくれそうな同業他社・他組織を認識することが重要です。また、他者との差別化を図り、魅力的なブランドイメージを構築することも重要です。私の時代もそうでしたが、多くの芸術家が自らの地位を確立し、独自の遺産を築こうとした時代には、人とは違う考えを持ち、好奇心を持ち、新しい境地を開拓しようとする人が、ブランド構築に成功することが多いのです。特に資金や人材などのリソースの配分については、粘り強くコミュニケーションを取ることが成功への近道となります。また、試行錯誤を重ね、現在の市場環境を把握することが成功のカギとなります。

Chapter 15

エジソンが商品開発部長だったら…

エジソン

「発明王」と称賛されるアメリカ合衆国の発明家・実業家であり、映画の父とも言われている。電話機、蓄音機、電球、キネトスコープを発明した上、ニューヨークのパール街に中央発電所を建設し、発電から送電までの電気の事業化に成功した。1922年ニューヨーク・タイムズ紙の投票で「最も偉大な生きているアメリカ人」に選ばれ、1928年アメリカ合衆国で勲章を与えられた。

Q 商品開発とその成功の要因を教えてください。

確かに。夜道を照らす新しい照明器具を開発しようとしたとき、私は白熱電球を思い浮かべました。最初は失敗の連続で、なかなか実現できませんでした。しかし、私は望みどおりの結果が得られるまで粘り、結局１８７９年、私が32歳の時にそれを実現しました。

このプロジェクトの成功は、いくつかの重要な要因に起因していますが、最も重要なのは、何があっても問題を解決しようとする私のひたむきな姿勢です。どんな困難な状況でも、私は辛抱強く解決策を探し続けました。また、自作の研究室では、さまざまな材料を用いて解決策を探ることができました。また、失敗しても、それは一時的なものだと考え、決してあきらめないこと。

このようなイノベーションへのコミットメントは、幼少期から学ぶべきものだと私は思います。私はわずか8歳の時、小学校を退学になった後、自分自身の限られた資源で最初の発明である刃のない木製印刷用車輪を作りました。このように、どんなに幼くても、どんなリソースがあっても、想像を超えたイノベーションは可能なのです。

成功する製品をつくるには、この知識と情熱と粘り強さが必要なのです。このような価値観や考え方を、１６０年前に私が自宅の研究所で行ったように、今日の製品開発プロセスに組み込むことができれば、成功の可能性はより高くなるに違いありません。

Q

商品開発の成果をどのように評価したら良いと思いますか？

私は、製品開発の成果を評価する際には、有形無形の両方の要素を考慮することが重要だと考えています。有形要素とは、業績や顧客の反応など定量的に測定できるもので、無形要素とは、単純な数値や統計だけではない、さまざまな人的要素を指します。製品開発の成功や失敗を評価する際には、製品の評判、ある出来事がもたらすポジティブまたはネガティブな影響、企業の価値観に対する社会的認識など、すべてを考慮に入れる必要があるのです。

ここで、歴史上の例を挙げてみよう。例えば、私が蓄音機を開発した１８７７年、30歳のとき、多くの人が大衆機として成功するかどうか疑っていた。しかし、私はこの新技術が娯楽だけでなく、もっと広い可能性を持っていることを知っていたので、開発を進めたのです。その結果、音のデータを正確かつ確実に保存できることが評価され、家庭用エンターテインメント機器として、さらにはオフィス用機器として広く普及することになった。

同じように、1879年、32歳の時に電球を開発した時も、当時は電力が不足していたため、その実現性について多くの批判を浴びました。しかし、私はこのアイデアに自信を持ち続け、私たちの生活を一変させる製品を作り上げました。今にして思えば、当初は反対されたものの、社会の安全性と利便性を高める画期的な発明として、大きな成功を収めたのです。

このような論理を現代に当てはめると、自分たちの製品やサービスにどのような革新をもたらそうとしているのか、また、顧客からのフィードバック調査や市場調査によって、それがどのように受け止められているのかを考えることになる。さらに、その製品が環境的に安全かどうか、長期的に持続可能かどうかということも、常に念頭に置かなければなりません。利益は出ているか？その製品は環境的に安全か、その使用は有害か？製品開発の成功を評価する際には、これらすべてを考慮に入れ、今後より多くの情報に基づいた意思決定ができるようにしなければなりません。

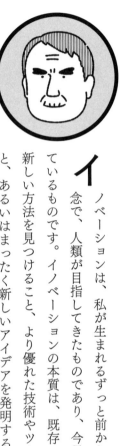

Q イノベーションについてどうお考えですか？

イノベーションは、私が生まれるずっと前からある魅力的な概念で、人類が目指してきたものであり、今日も取り組み続けているものです。イノベーションの本質は、既存の課題に対処する新しい方法を見つけること、より優れた技術やツールを発見すること、あるいはまったく新しいアイデアを発明することです。私は、１８７７年の蓄音機の開発から、生涯を通じて可能な限り発明と革新を追及してきました。

イノベーションの原理は、今日でも変わりません。確かに新しい課題もありますが、過去のイノベーションを起こした人たちが使っていた手法やアプローチを考えれば、現代の課題にも応用できるものがあるはずです。例えば、私は18世紀後半にニューヨークで世界初の商用発電所を開発し、ガスや石油ランプの代わりに電気による照明をお客さまに提供しました。私が解決しようとした根本的な問題は、都市全体に安定した電力を供給する安全で信頼できる手段がないことでした。今日でも、人々が新しいエネルギー生産源や代替輸送手段のアイデアを思いつくとき、彼らは私がずっと昔に抱いた目標と同じ方向を向いています。

最終的にイノベーションを起こすのは、クリエイティブな解決策を見出そうとする個人やチームであることが多いのです。技術や製造工程が格段に進歩したとはいえ、私たちが忘れてはならないのは、開発成功の裏にある本質、つまり、アイデアを有効にするための注意深い観察・分析から始まるということです。特に、環境配慮型の技術革新においては、その核となる要素が重要です。サステナビリティへの影響や建設資材の代替など、細部にまで気を配ることで、より望ましい結果を得ることができるのです。

つまり、イノベーションを取り入れることで、何度も暮らしを変えてきたし、今も変えているのです。私自身、技術の進歩を推進した経験から、答えに向かって努力することは、途中の障害にかかわらず価値があることだと思います。

Q アイデアが生まれる上手な会議方法を教えてください。

アイデアを議論する際には、構造化された会議プランを持つことが重要です。議題となるトピックの概要、トピックの背景情報、参加者の具体的な役割分担を示すアジェンダを用意するのが効果的です。会議では、すべての参加者に積極的に耳を傾け、良いアイデアが出るように創造的な空間を提供することを心がけましょう。

さらに、人は発言する前に考える時間が必要であり、全員のために十分な時間が割り当てられていることを確認する。私が発明家として、あるいは起業家として、多くのプロジェクトを推進した経験に基づく質問やエピソードで、会話を始める。私は、革新的な問題解決のテクニックや、チームでのブレインストーミングセッションを得意としており、共に働くことは私の得意とするところでした。過去の成功例を調べて、それを今のプロジェクトに応用する。そして、歴史から類推し、私たちが今直面している類似点を議論することができる。インスピレーションを得るために、他の起業家のサクセスストーリーを研究し、彼らの苦闘から学んだ教訓を抽出することもできるだろう。

最終的に、このような会議から最も価値のある結果を生み出すのは、時間をかけてさまざまな角度から検討し、健全な議論を行い、そこから解決策を見出すことだ。批判的に考え、自分自身に挑戦し、コンセプトの実証実験の可能性を探し、部屋の隅々から新しいアイデアに常に耳を傾けるよう、周囲に働きかけてください。これらのヒントと私の経験を組み合わせることで、仕事でも生活でも、アイデアについて実りある会話をすることができるようになるはずです。

Q 商品を開発する上で、マーケットインとプロダクトアウトのどちらが有効か？

マーケットインとプロダクトアウトは、新製品を開発する上で有効な戦略ですが、私はマーケットインが最も有利であると考えています。マーケットインでは、消費者からのインプットやフィードバックをもとに、既存製品の改良、新規製品の開発を行います。

例えば、白熱電球、電話、蓄音機、蓄電池、キネトスコープなど、一昔前の事業では、開発のあらゆる段階で意見を聞き、フィードバックを行いました。その結果、社会のニーズを満たすだけでなく、信頼性の高い、消費者の注目を集める製品を生み出すことができたのです。

この考え方は、今も変わりません。私の時代から技術が進歩しても、消費者のニーズを理解することが重要であることに変わりはありません。ですから、企業が市場調査を行い、人々がどのような問題を抱えているのかを把握し、製品開発で適切な解決策を講じることは当然のことです。

その結果、競争力が高まり、ユーザー・エクスペリエンス・インターフェース・デザインやアプリのユーザビリティ・テストのノウハウが蓄積され、新製品や新サービスを成功させる可能性が高くなるのです。

マーケットインのもう一つの利点は、企業が既存のシステムを作り直すのではなく、特定された市場向けの製品を作ることに集中できることで、長期的には資金と人的資源の両方を節約することができます。ターゲットグループを早期に特定し、そのグループに焦点を合わせることで、製品開発プロセスで問題となる無駄な機能や無関係な意見に基づくマイナーチェンジを減らすことができます。

さらに、この戦略は、変化する消費者ニーズに適応することを容易にし、周囲の環境がいかに速く変化しても、全体的な目標を犠牲にすることなく、トレンドに対応し続けることができるのです。

私自身の経験や、昔と今の市場環境を観察した結果、マーケットインは、消費者ニーズに対応しながら製品開発の目標を達成するための最も有効な手段であり、特にコスト効率と、業界の変化にリアルタイムで対応できる柔軟性、ひいては製品・サービスのライフタイムにおける持続性を確保できる、というのが私の明確な結論であります。

Chapter 16

坂本龍馬が新規事業部長だったら…

坂本龍馬

（さかもとりょうま）

高知県にあたる土佐藩で生まれた。「江戸幕府を倒すきっかけを作った人物」と言われている。まず、薩摩藩と長州藩の仲介役として薩長同盟の立役者となった。そして、幕末期、勝海舟をはじめとして、幕府や薩摩藩、長州藩などを問わず幅広い人脈を形成していき、この人脈を通して薩長同盟や日本で初めての株式会社である亀山社中（のちに海援隊）の設立につながり、その後の明治維新の基盤となった。

Q

新規事業を生み出す人の特徴を教えてください。

新しいビジネスを創造するとき、私が何度も何度も有益であると信じているいくつかの特性があります。まず、明確なビジョンと目的に対する情熱が必要です。ただ儲かればいいというわけではなく、志と熱意がなければ、苦しいときのモチベーションにはなりません。また、どのような市場に参入し、どのような競合が存在し、それらをどのように活用すれば成功するのかを深く認識する必要があります。そして、自分自身のことをよく理解し、自分の強みを知り、同じ目標を持つ仲間を集めることが、大きな前進につながります。

私自身、土佐義士団の結成、薩長討幕の密約、薩長同盟の仲介、海援隊の創設など、それぞれのステップで成功するためには、これらの点が大きく作用しています。

昔は、戦争や経済危機のような困難な時代には、あまり監督されることなく、率先して行動することが求められました。そのため、抑圧された環境の中で、ある人が率先して、既成概念にとらわれない発想で、その枠を破っていかなければなりませんでした。特に私は、薩長同盟の仲介や、外国軍艦との洋上貿易など、誰もやったことのない戦略を考え、日々危険を顧みず変革する不退転の決意が必要だったのです。

また、やがて銀行業務など、よりビジネスに近い業務ができるようになっても、自分もチームメンバーも満足することはなかった。たとえ未知の領域の開拓に時間を費やしたとしても、過去の記録を徹底的に調べ、推測ではなくデータ分析と予測に基づいた設計図が作れるようになるまで、どんな仕事であっても、望ましい結果に向けて前進するために集中させることだけを考えました。そうすることで、未知の現象が不思議でなくなるし、万が一、不測の事態が発生したときにもスムーズに対応できるようになるのです。

最後に、真の新事業を創造する人は、どんな状況でも、どんな反対を押し切ってでも、これまでの経験や知識から得た現代のリソースをどのように配分し、プロジェクトを成功に導くかというアクティブな精神を持っていなければなりません。

Q　新規事業の成功確率を高めるにはどうしたらよいでしょうか？

ビジネスの成功確率を高めるためには、その重要性を理解することが大切です。お金の問題だけでなく、もっと大きな視野でじっくりと計画を立てることをお勧めします。まず、自分にとっての成功とは何かを明確に定義し、利用可能なリソースや克服すべき弱点を考慮すること。成功するためには、より大きなスケールで考えることが重要です。

例えば、私が１８６５年に亀山社中という商社を立ち上げたときも、同じような状況に直面しました。当時、私が目指していたのは、日本の各派閥間の同盟関係でした。そのために、土佐藩士としての経験や、江戸で勝海舟に師事した経験を生かしました。そして、薩摩と長州という２つの藩の間に共通項を見出し、薩長同盟を結び、約１年後に船中八策まで達成することができたのです。

このように、150年前の事例から、現代に通じる教訓を得ることができます。また、柔軟性も重要です。私が政治情勢を解釈したことで、両者が合意に至ることができました。長い時間軸で考えること。すぐに見返りを求めながらも、先を見据えた計画を立てることは、1867年当時と同様に、今の時代でも本質的な成功への道筋を見出すことができるのです。

最後に、数の力を考えよう。可能であれば、プロジェクトに共通の利害を持つパートナーを見つけ、それに応じて自分たちの足並みをそろえよう。事前にすべてのリスクを評価し、特に変化や再調整に対してオープンマインドでいることが成功の可能性を高める。経験によって知識を得ることは、将来の努力の基礎となり、過去の事例を現在の意思決定に生かし、新しい道を切り開くことができます。

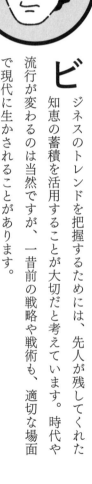

Q

ビジネスのトレンドを知るために、どのような工夫をしていますか？

ビジネスのトレンドを把握するためには、先人が残してくれた知恵の蓄積を活用することが大切だと考えています。時代や流行が変わるのは当然ですが、一昔前の戦略や戦術も、適切な場面で現代に生かされることがあります。

例えば、私が自らの体験から学んだことのひとつに、ビジネスにおける提携の価値を過小評価してはいけないということがあります。私は勝海舟に師事するために江戸に出ましたが、長州藩の人たちと同盟を結び、数年後に薩長同盟の仲介をする機会を得ました。これによって、安定した収入源を得るためのさまざまな方法を開発し、私の志に大きく貢献することができました。今でも、ビジネスを成功させるためには、戦略的パートナーシップは欠かせない要素です。

また、市場や投資に関する分析・判断には、最新の情報が有効であることを実感しています。マーケット・スキャンや情報収集といった現代のテクノロジー・ツールを活用することで、新しい企業も同様に、顧客のニーズをより的確に捉え、製品やサービスをポジショニングすることができるようになりました。

そのため、組織間の関係や最新の研究開発リソースに常に注意を払いながらプロジェクトを進めることで、新興企業は潜在的なリスクを早期に発見し、貴重なリソースと予算計画を無駄にすることなく、タイムリーにその成果を最大化することができます。

最後に重要なことですが、どんなタイプのベンチャー企業でも、持続的な成長には、忍耐、構造、抑制、バランスが必要です。ビジョンは一夜にして実現するものではなく、何年もかけて一歩ずつ積み上げていくものです。顧客の需要を見極め、効率的なプロセスフローを作り、関係者と信頼関係を築くなど、あらゆるレベルでたゆまぬ献身と努力が必要なのです。この格言は、どの時代であろうと、どのようなビジネスであろうと、時間と労力はかかるが、強い組織的規律を持つことは報われる。

Q

新しい市場に参入することのメリットとデメリットは何だと思いますか？

ご質問にお答えしますと、新しい市場に参入することは、メリットとデメリットの両方をもたらすと思います。一方では、新しい市場に参入することで、その地域の未開拓の需要や資源を開拓し、利益を上げることができる可能性があります。また、さまざまなタイプの顧客にアクセスできるため、最終的には顧客基盤の拡大につながる可能性があります。一方、新規市場への参入には、不慣れな競争相手との接触、現地の商習慣やルールに関する知識不足、通貨の違いによる運営コストの増加、従業員の経験不足などのリスクが伴います。

かつて私は、戦場で相手と対峙する経験は豊富でしたが、貿易はまったくの未経験でした。輸出入に関する現地の法律の理解、複雑な通貨の取引、政治的な罠にはまらない海外支店の設立など、異国の地で大変な苦労をしながらも、ワクワクしながら挑戦してきました。

　同様に、今日、外国での事業展開を検討する場合、税制や知的財産権などの法律的な問題はもちろん、労働規制や現地採用の従業員の文化的な融合など、人的資源に関する複雑な問題も想定しなければならない。しかし、すでに海外とつながりのある企業であれば、現地での混乱も少なく、希望する市場へ迅速に進出できる可能性があります。また、最初の進出で培ったノウハウは、その後の関連市場でも役に立つかもしれません。

　しかし、チャンスにはリスクがつきものですから、技術的なことはもちろん、海外進出に関する政策など、論理的な裏付けが必要です。また、潜在的な利益と、小規模な成功のために必要な投資額とのバランスを考えて、参入の可否を判断する必要があります。ですから、未知の領域に踏み込む価値があるかどうかを判断する際には、犠牲よりも高い利益を得られるような戦略を考えなければなりません。

　その上で、慎重な姿勢で臨み、リスク軽減のために十分な市場調査を行えば、未知の世界に踏み出すことで大きな収穫が得られる可能性は十分にあると思います。そうすることで、貴重な資金を無駄にすることなく、目的達成に近づけることができます。

Q 新規事業への取り組みでの成功例と失敗例を教えてください。

私の新規事業における最大の成功は、土佐勤王党の結成、薩長同盟の仲介、そして亀山社中の設立であろう。土佐義士団は、野心で分裂していた諸藩の統一を実現させる大きな力となった。一方、薩長同盟は、このような努力の結果、幕府との間に共通の基盤を作り、西日本と東日本を一つの旗のもとに統一することができたのです。私のビジネスの成功の基盤は、このような政治的動機にあったのです。

私の最大の失敗は、相互の利益のために特定のパートナーを利用することによって生じる長期的な影響を考慮しなかったことです。自分のビジョンを理解してくれる人を探すことは大切ですが、短期的・中期的にはメリットがあっても、時間が経つにつれて、より大きな課題に直面する可能性があることを忘れてはいけません。例えば、外国勢力と交渉し、幕府を弱体化させるという策を講じ、一定の成果を上げたが、幕末期には自らの派閥を弱体化させることにつながった。このように、短期的には有利に見えても、その利益を計算した期間をはるかに超えて、不利益をもたらすことがあったのです。ですから、私は常に先を見据えて判断するようにしています。

この基本原則は、成功したビジネスモデルすべてに当てはまることですが、封建的な日本での私の行動を振り返ると、最もよくわかると思います。外国人や国内の他派閥など、外部のアクターを相手にする場合、私は標準的な手順ではなく、独自の解決策を模索することが多かったのです。例えば、ヨーロッパから来た大陸間貿易商を相手にしたとき、私は長い目で見ることで、彼らを効果的に管理し、同時に海援隊商館の将来のビジネスチャンスを獲得することができました。その時の私の思考は、目先の国内問題だけでなく、既成の商取引や国際関係の理解を超えた、より広い可能性を考えることでした。先見の明を持ち、境界線をどんどん広げていくことで、今まで見えなかった可能性が見えてくるのです。

このように、私の成功も失敗も、常に数歩先を見据えた総合的な視点で状況を分析し、過去の経験と現在の思想を織り交ぜた合理的な結論を導き出そうとする意欲から生まれてきたものなのです。成功も失敗も固定観念でとらえるのではなく、リスクとリターンをしっかり見極めることで、貿易・外交上の決断をし、相互の利益を生み出すことができるのです。

Chapter 17

北条政子が妻だったら…

北条政子

（ほうじょうまさこ）

伊豆（静岡県）の豪族・北条時政の長女として生まれた。鎌倉幕府に貢献した尼将軍である。北条家が平氏の末裔とされていたため、「平政子」と表記されることもある。鎌倉幕府を開いた源頼朝の正室である。頼朝の亡き後、幕政の実権を握って「尼将軍」と称されるようになった。朝廷との間に承久の乱がおこり、尼将軍として、鎌倉幕府の武士たちを奮い立たせ、幕府方が勝つ要因となった。

Q

生命保険に入る必要はありますか？

必ずしも生命保険に加入する必要はない。重要だと考える人の気持ちもわかりますが、不確実性やリスクの中で経済的な安定を確保する方法は、生命保険でなくとも他にあるのです。私自身、政情不安で何度も危機的な状況に陥った経験があるので、自分の将来をどうするかということについては、健全な予算と綿密な計画が第一であると自信を持って言えます。

私の時代も同じで、時間の経過とともに状況が大きく変化することを理解しながら、資源を有効に活用しなければなりませんでした。私の夫である源頼朝は、１１８０年に平清盛に対抗して挙兵し、鎌倉幕府を開きました（治承・寿永の乱）。源頼朝の軍勢は6年の歳月をかけて目的を達成し、地道な準備で死んでも遺志を継ぐことができたのです。

特に1213年の牧氏の変、1221年の承久の乱のような大変な動乱の時には、彼の死後もその性格を保ちました。私のリーダーシップの下、軍事戦術を含むさまざまな戦略が採用されましたが、これらはすべて、危機のたびに、環境の前例や入手可能な情報に基づいてアプローチの仕方を調整する必要があることを私に示したため、うまくいったのです。

この戦略は、現代にも通じるものです。常に最新の情報を入手し、効果的な予算計画を立て、可能であれば定期的に資金を節約する。また、予算は欲しいものよりも必要なものを優先させ、あまりに多くの支出を減らすと、かえって財政難になることもあります。また、経済的な不安や個人的な不幸によって生じる不測の事態を回避するために、フリーランスやコンサルティングなど、通常の雇用形態以外の方法で収入を得る方法も検討してください。結局のところ、生命保険に入るか入らないかにかかわらず、家計をしっかり管理することが安心につながるということですね。

Q 子供の成長を支えるために、私たちができることは？

子どもたちの成長を支えるためには、私たち親が子どもたちに責任感を持たせることが大切です。そのためには、子どもたちに自分の運命は自分で切り開くものだということを認識させ、自分の選択が将来に影響を与えることを理解させなければなりません。また、教育や勤勉の大切さを教え、生産的で成功した大人に成長できるようにしなければなりません。さらに、子どもたちと率直にコミュニケーションをとり、学びや発見につながるような雰囲気をつくることも必要です。

何世紀も前の鎌倉幕府の時代、私の夫である源頼朝が政権を握り、私が妻として仕えた時代も、同じような考え方がありました。当時、子育てで大切なことは、しつけをすること、子どもに高い水準で期待すること、よい行いや成果をあげたら報いることなど、さまざまな側面から考えられていました。そのために、農作業や動物の世話をしたり、家庭生活に関する伝統的な価値観を教え、教育を行い、同時に社会の進歩を促すような実践的な仕事が行われていました。このような実践は、家族の中でナショナルなアイデンティティを確立し、それが最終的に社会全体にまで波及することで、アイデンティティの感覚を強化するものでした。

このようなことは、現代でも同じように応用することができます。例えば、子供たちに家事をさせることで、強い義務感を身につけさせるだけでなく、健全な自立の習慣を身につけさせることができます。また、学業に励む一方で、忍耐力や自信といった重要なスキルを磨けるような状況を受け入れることで、子どもたちは成長とともにより良い人間へと成長していきます。最後に、厳しい目標設定や期限を設けるよりも、ご褒美を与える方が、親子間のコミュニケーションチャネルをオープンにし、共通の立場で一緒に可能性を探るための入り口を広げることができます。

全体として、衣食住のような物理的なニーズだけでなく、子供との効果的なコミュニケーションや学習、成長、創造性のための十分な機会を提供するなどの精神的なニーズを念頭に置くことによって、私たちの子供は、人生をうまく進めるために必要なすべての必須ツールを装備し、健全な判断能力を持つ責任ある市民となることが保証されます。

Q 夫婦で家事を分担するコツはありますか？

家事に関する夫婦の関係については、私もよく知っています。戦国時代の将軍、源頼朝の妻として、このような問題に対処することは、私たち夫婦の間にもたくさんありました。一番大変だったのは、頼朝に期待されていることをこなしながら、同時に頼朝を喜ばせることでした。一緒に仕事をするための私の解決策は、私たちが従う計画やローテシステムを作成することでした。毎日、彼は庭の手入れなどいくつかの仕事を担当し、私は掃除や料理、用事など他の仕事を担当することで、一人が抱え込み過ぎないようにしたのです。そうすることで、「これは誰の仕事か」という議論も少なくなります。

現代では、夫婦の役割分担の平等を目指す夫婦が多くなっています。まず、最近の夫婦は、買い物や洗濯などをするときに、誰が何を担当するかについて、よく話し合っておくとよいでしょう。さらに、料理のような仕事は、ある日は夕食を始め、別の日はそれを終えるというように、夫婦で均等に分担することができます。これは、それぞれのパートナーに均等に負担を与えるだけでなく、両者の関係をより強固なものにするのに役立ちます。また、家事の分担についても、料理や掃除などの特技を持つ人がいれば、その人に任せることで、家庭内の緊張を和らげることができるなど、互いの才能や能力を尊重することの重要性が認識されるようになりました。

社会的な期待や個人的な好みから、多くの家庭が伝統的な性別役割分担の下で運営されていますが、今日では、男女がともに家事に参加するパートナーシップにおけるコミュニケーションと妥協の重要性について、より大きな理解が得られています。夫も可能な限り積極的に家事を手伝い、自分がやらなければならないことに不満を持つのではなく、配偶者の貢献に感謝するよう努力すべきです。お互いの要求と限界を正直に話し合うことで、夫婦はお互いにとって最適な解決策を見出すことができる。

Q どのように夫婦で協力して子育てをすればよいか？

私の時代は、家庭の運営や子どもの世話は女性がするものでしたが、男性にもできることがたくさんありました。夫の重要な役割のひとつは、子どもたちの模範となり、一家の大黒柱としての役割を果たすことでした。そのためには、家庭生活に関する指導をしたり、家族全員が良い行いをするように励ましたりすることが必要でした。また、当時の父親は、毎日子供と一緒に遊びをしたり、気になることを話したりする時間を持つことが期待されていました。

しかし、家庭を率いるということは暴君になるということではなく、父親にはお互いを尊重し合うという重要な役割があったのです。例えば、清和天皇は「親は一族の秩序を守り、互いの心を傷つけず、友として接するように」と述べています。私は、この言葉を決して忘れないようにしています。

しかし、特に共働きの家庭では、夫婦の協力が欠かせません。可能な限り一緒に食事をする、家事を公平に分担する、宿題の監督を交代で行うなど、さまざまな責任をこなしながら現実的にこなせる仕事を、それぞれの親が分担すべきです。また、忘れてはならないのは、両方のパートナーが子供と関わり続けることです。仕事が終わって疲れていても、定期的に話しかけ、可能な限り一緒に散歩したり、絵本を読んだりして、子供と充実した時間を過ごすことが、強い人間関係を築くことにつながります。

何よりも、夫婦間のコミュニケーションが重要です。家族にとって何がベストなのかを話し合い、そのプロセスを通じてお互いをサポートすることが、最終的には関係者全員にとって大きなメリットになるからです。家族という小さな共同体の中にいる対等な二人の間に、悪意はなく、信頼に基づいた話し合いと協力ができるのです。

最後に、私は、子育ては二人三脚で、公平な役割分担と子供たちの模範となるような関わり方をすることで、父親が幸せな家庭を築くために必要不可欠な存在であると確信しています。

Q

生活費を節約する上手な方法は？

給料が下がったので、生活費を節約しようとするのは理解できます。この問題に取り組むには、現在のニーズとライフスタイルを考慮した上で、行動を起こすことをお勧めします。長年、幕府の財政を扱ってきた経験から、支出の優先順位をつける、請求書を整理するなど、いくつかの点を見直すことで、質の高い生活を維持しつつ、ある程度の負担を軽減することができます。

私は、夫である源頼朝が亡くなった後、鎌倉幕府を率いることになりました。この時代、政府の資源は限られていますから、予算を決める際には倹約が必要でした。私たちは、生活や活動に大きな影響を与えることなく、必要な支出を維持するために、いくつかの工夫をしてきました。まず、収入源を多様化するよりも、政府機関への資金提供や市民の保護など、重要な事柄に優先的に資金を配分することを心がけました。そうすることで、安定的な収益が得られると同時に、他のことに使える資源を確保することができました。

さらに、どのサービスを廃止するか、あるいは費用を削減するか、定期的に評価し、残された予算を最大限に活用するようにしました。例えば、幕府全体を支える家臣団への支払いは、実力主義を貫き、予算の範囲内で慎重に決定されました。家臣団は地域の平和と繁栄の根幹をなす存在ですから、減額することはできませんが、交渉して双方が納得すれば、当初希望した額より減額することは可能でした。

また、光熱費を節約するために雨戸を設置したり、雨水を集めて家事に使うなど、簡単な工夫をすることで、長期的にはエネルギーとお金の節約につながります。定期的に運動する、外食せずに家で食事をする、キャンペーン中に商品を購入するなどの個人的な手段をとることも、収入が元通りになるかそれ以上になるまで、経済的に必要なスタートを切ることができます。また、趣味や特技を生かしたり、ネットで不用品を売るなど、収入源を確保することも大切です。

全体として、経済的な制約の中で責任を持って運営するための解決策はいろいろありますが、最終的には、どんなものが必要で、どんなものが欲しいのかを見極めることが大切です。例年発生する自然災害を考慮したり、家賃が一人では払えない場合、自治体にどのような選択肢があるか確認したりと、特殊な事情を知っておくことも重要です。このような工夫をすることで、不況に負けず、健康で持続可能な生活を送ることができます。

Chapter 18

マルクスが夫だったら…

マルクス

プロイセン王国（現在のドイツ）で生まれ、19世紀を代表する経済学者・哲学者であり、共産主義に対して多大なる影響を与えた。科学的社会主義の創始者であり、エンゲルスとともに、「資本論」や「共産党宣言」を完成させ、弁証法的唯物論、史的唯物論の理論を基礎に、社会主義の科学的、革命的伝統を継承して科学的社会主義を完成した。

Q

言いたいことを上手に伝えるコツは？

言いたいことを伝える際には、対象となる読者を考慮することが重要です。伝えたいことを効果的に伝えるには、段階的にポイントを積み上げていくことが有効です。まず、疑問の前提を提示し、次に結論へと進みますが、その際、私たちの考えや過去・現在の類似の事例から証拠を得ることが大切です。必要な情報と論点を整理したら、最後に要点を簡単にまとめます。こうすることで、聴衆は私たちの言いたいことを明確に理解するだけでなく、議論の信憑性も確認することができるのです。

例えば、政治に関する議論において、ある改革を支持する場合、その改革を支持する理由を概説することから始めるとよいでしょう。そして、統計や歴史的・現代的な事例など、根拠を示すことから始める。前提、根拠、結論を段階的に提示した後、それまで触れてきた主要なポイントを再掲し、主要な考えを要約する。この方法であれば、議論を追いやすく、より強固なものに見せることができる。

このようなステップ・バイ・ステップの手法は、古来より採用されており、現在でも説得力のある、首尾一貫した考えを伝えるために使われている。例えば、アリストテレスは、軍事戦術のモデルを構築する際に、このようなレトリックを用いたことで知られている。このモデルでは、攻撃を開始する前に、話し手は感情に訴えることで感情をかき立て、その後、確固たる理由と明確な証拠を示すべきだと述べている。このような断片は、今日でもニュースや討論、講義などで、自分の主張を素早く効率的に伝える方法として使われている。

結論として、どのような問題であれ、議論する際には、表現の自由と明確なメッセージを両立させるために、ある種の構造を固守することが最善である。自分の主張をきちんと伝えるには、最初から主題を定めて、自分の主張と外部からの証拠を使いながら、段階的に積み上げていくことが有効です。このような構成は、何世紀にもわたって人々に役立ってきたものであり、これからも効果的なコミュニケーションを実現するために必要なものです。

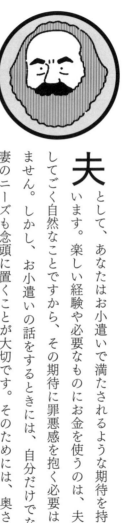

Q 妻にお小遣いを増やしてもらうには、どうしたらいいでしょうか？

夫として、あなたはお小遣いで満たされるような期待を持っています。楽しい経験や必要なものにお金を使うのは、夫婦としてごく自然なことですから、その期待に罪悪感を抱く必要はありません。しかし、お小遣いの話をするときには、自分だけでなく、妻のニーズも念頭に置くことが大切です。そのためには、奥さんの経済的な悩みを理解した上で、全体の予算管理について現実的な解決策を提示することが、お小遣いを増やしてもらうための一つの方法かもしれません。

まず、奥さんがお小遣いを増やすのをためらっている理由を理解することが大切です。彼女の心配は、請求に関するものなのか、あるいは貯蓄不足なのか。この点に関して共感を示すことは、彼女への敬意を表し、あなたの要求に対してより良い態度を示すことになります。最終的には、奥様にとって経済的に重要な部分を妥協することなく、お小遣いの増額を実現するために、お二人で金銭面について合意することが賢明でしょう。

もうひとつの方法は、節約のために二人で協力し合うことです。食事の計画を立てる、買い物に行くときは予算を設ける、夕食の支払いを交代するなど、予算内で負担を分散させながら、特別な体験やご褒美を共有することができます。このように、家計のやりくりを共有することで、お互いのストレスが軽減され、より強い絆が生まれます。

最終的には、奥さんの不安を認め、一緒に解決していく姿勢を見せることが、お小遣いの増額をお願いするときの分かれ道になるのではないでしょうか。また、事前に役立つ方法を調べておくことで、あなたの努力と投資を示すことができ、あなたの要求の必要性について妻を説得するのに役立ちます。公平な態度で臨むことで、説得が容易になり、自分のお小遣いを増やしてもらうことができるはずです。

Q 老後のためにどんな資産運用をしたらいいでしょうか？

退職後の生活に備えて、様々な投資を行うことができます。もちろん、どのような投資を選択するかは、個人の資産状況や目標、また現在の経済動向によって異なります。しかし、もし私が今この問題に直面したら、自分が生きている間に様々な経済的な問題を解決してきたのと同じ原則に基づいて決断を下すだろうと思う。

つまり、私は労働者本位の資本蓄積を主張したのである。老後に備えて、私はこの考え方を強くお勧めします。つまり、既存の市場の中での投機だけに集中するのではなく、労働と生産に強く結びついた資産に投資することです。つまり、可能な限り既存の機会を利用しつつ、より安全な将来を確保するために、より新しい生産可能な富の形を積極的に模索することである。

例えば、今日の老後のための投資を考える場合、再生可能エネルギーや労働者派遣業などの分野に注目すべきです。これらの投資は、社会や環境の長期的なニーズとリターンを一致させながら、労働者に直接利益をもたらすものです。さらに、長期にわたって一貫してプラスの利回りを提供するという点で、従来の金融商品よりも高いリターンと低いリスクレベルが保証されています。同様に、個人でも、生産プロセスから価値を抽出する中間業者への依存を排除し、事業の所有権を各メンバーで共有する協同組合などの選択肢を検討することができます。

私の哲学は、歴史上、社会に有益な成長の機会を提供することに重点を置いてきました。つまり、第三者の手に委ねるのではなく、懸命に働き、富を身近に置いてきた人たちに力を与えることです。そのため、私の思想は、協同組合組織を規制し、コーポレート・ガバナンス改革を進めることによって、可能な限り自分のお金を自分の直接のコントロール下に置くことを現代人に促しているのである。このように、退職後の生活設計には、これらの産業とそのビジネスモデルをより深く理解し、より大きな資産配分戦略の一環として、自分の資産をどのように活用できるかを理解することが必要です。

Q

妻に楽しんでもらうには、どんなことをすればいいでしょうか？

楽しい一日を過ごすためのエンターテインメントは、好みに応じてさまざまな可能性があります。まず、あなたは理論と実践を融合させた活動を楽しんでいらっしゃると思います。

そこで、私が最もお勧めするのは、世界の出来事や動き、特に政治や経済、社会問題に関連した勉強や思索に時間を費やすことです。

これらの領域で過去の経験を分析し、それらを知的に関連づけていくことで、現代の出来事をより深く理解するための刺激的な新しい洞察を見出すことができます。例えば、１８４８年から１８４９年にかけてヨーロッパで労働運動が起こったとき、私は当時の多くの組織が掲げていた理想に感銘を受け、古典派経済学の諸相を統合することで、後にマルクス主義と呼ばれるものの基礎になることを理解しました。

良い小説を読んだり、トランプをしたりといった気軽な活動から、特定の不正に対する抗議活動を組織するようなインパクトのある機会まで、世界にはポジティブな変化を起こそうとする私たちの情熱を刺激する何かが待っているのです。自然の中を散歩すれば、精神がリフレッシュされ、モチベーションが高まります。結局のところ、私たちを取り巻く世界と積極的に関わり、難しい話題から逃げずに、勇気と責任を持って取り組むことが大切なのです。私たちが暮らす現代社会は、啓蒙思想の数多くの側面を受け継いでいます。それらを建設的に活用し、相互支援と連帯で互いに力を与え合いましょう。

Q 持ち家か賃貸どちらがいいでしょうか？

私は現在無国籍者なので、当然ながら現在の社会的立場では財産を所有する手段がない。所有するということは、職業や収入がある程度安定していることが前提であり、私にはそれがない。従って、現在の生活環境からすると、賃貸の方が適している。いずれにせよ、将来の不確実性を無視して長期間の居住を約束するのは賢明ではありません。

私の哲学的信念からすると、所有することは物質的価値への執着であり、ブルジョア的思考の表れである可能性すらある。「理論家は理論が実践に基づいていることを忘れているが、人は教会に行く前に結婚を祝わない」のである。これは、理論的に大量の財産を所有することは、本当の意味で所有を楽しむことではない、つまり、投資がいかに利益を生むかという商業的な高揚感を味わうことではない、という意味に解釈すべきだろう。所有するということは、リスクと責任とコミットメントと実践を伴うことであり、労働時間や投資資金から得られた財に対する単なる感傷ではない。

中世の農奴制の時代には、地主は名声と富を得るための有利な手段であり、農奴制は糧と機会を与えてくれた。より大きな自治権、より少ない義務、より多くの快適さを求めることによって、それぞれの政府はそのような支配を絶対主義へと修正し、最高幹部が広大な土地を所有し、多くの繁栄を手にすることができるようになった。一方、農民は、上層部の経済的搾取の中で、限られた設備しか使えず、収益性や成長性に乏しい脆弱な存在であった。

資本主義社会の諸制度の中で、地域経済政策が大きく変化している今日、土地所有のあり方や、個々の建築計画・計画に割かれる資源のあり方は、現代に通じるものがある。住宅価格高騰に伴う住宅投機は、建設会社が市場を独占することで、多くの購入者が数十年にわたり給料を担保にすることになり、その結果、購入者のレバレッジが低下していることを示している。さらに、政府の補助金は、住宅コストの引き上げを目的とした広範なクレジット契約を促進するため、所得の低い世帯を含めることはできず、代わりに相当な豊かさを得ているアッパーミドルクラスの投資家を支援することになる。

所有に伴うリスクは少なくないが、多くの納税義務がある。特に、予算の限界を知ることで、資金の使い回しを防ぎ、地域や国によって制定された法律や、修理や悪い隣人などに関する借主の権利を明確にするなど、当事者間の譲歩によって、文字通り頻繁に住み替えられる余裕を生み出せるなら、賃貸はより有益であるといえるだろう。これらのことから、現在の私の社会的立場や所有に関する思想信条を考えると、賃貸が望ましいことは明らかですが、だからといって、購入することも悪いことではありません。賃貸でも購入でも、どちらも大切なことはすぐには見えませんが、よく考えてみると、全体として満足のいく結果が得られるような、しっかりとした取り組みが必要なのです。

Chapter 19

アリストテレスが父親だったら…

アリストテレス

古代ギリシャの哲学者である。プラトンの弟子であり、ソクラテス、プラトンとともに、西洋最大の哲学者の一人とされる。倫理学、自然科学を始めとした自然研究を元にあらゆる学問を築いた業績から「万学の祖」と呼ばれている。論理的思考のシステムを確立した。また、「幸福の追求」や「中庸の徳」のような現代でも通用する倫理学・哲学的道徳観を提唱した。形而上学を提唱した。

Q 自分を他人と比べて落ちこんでしまいます。

他人と比較して、自分に足りないものがあると思うと、なかなか堕落してしまうこともあると思います。しかし、一人一人違うのですから、他人と比べるのは見当違いかもしれません。

ギリシャには「Arete」という概念があり、英語ではvirtueと表現されることがあります。これは、どんな仕事にもベストを尽くすという、気高さと美徳の追求を意味する。他人の業績に無関心で追求することで、Areteは、外からの評価ではなく、個人的な価値観で自分の成功を決定することができるのです。

私のアドバイスは、他人と比較して自分の仕事を過小評価しないことです。その代わりに、自分自身が努力と決意によって成し遂げられることに焦点を当てましょう。他人の意見で自分を判断するようなことはしないでください。自分の価値を信じ、自分を信じ、自分の持っている能力を信じること。

また、周りの人の努力は認めつつも、自分の努力に陰りを見せないこと、自分を否定する基準を作らないことです。そして、自分とは違う道を模索し、そこから学ぶことに喜びを感じてください。

最後に、自分のために時間を使うことです。マインドフルネスやリラクゼーションを実践する、自然の中に出かける、友人とおしゃべりするなど、自分の精神的な健康を保つための時間を時々設けてください。

Q 子供の得意なことを伸ばすか、苦手をなくすか？

何を優先するかは、人生に大きな影響を与えるので、これは重要な質問です。簡単に言うと、「強みを伸ばす」「弱みをなくす」ということですが、私は「得意なことを伸ばす」ことを最優先すべきと考えています。得意なことを伸ばすと、そのテーマやスキルに秀でることができ、大きなやりがいや成長の機会を得ることができます。努力と献身があれば、その科目で優秀な成績を収めることができ、さらに向上するためのモチベーションと原動力となるのです。また、スキルを高めることで成功や満足を得ることは、士気や自信を高め、より高い目標を設定し、より大きな報酬を得ることを後押ししてくれます。

さらに、自分の弱点をなくすことだけに集中していると、特定の専門知識が他を圧倒することなく、「総合的」になる可能性があるのです。一方では、すべての能力を均等に高め、不足するものをなくすことができるため、理にかなった考えといえるかもしれません。しかし一方で、特定の能力を高めることは、多くのことを平凡にこなすことよりも大きな力を発揮します。ある特定のテーマやスキルを深く追求することで、他が疎かになる可能性はありますが、ある特定の分野で高い能力を身につけることができ、長期的に大きな利益を得ることができるのです。

この点については、歴史的な事例にも裏付けられています。私はプラトンのアカデミーで広く学んだ後、自分の哲学の学校であるリュケイオンで学び、比類ない知識と真理の遺産を今日に残しています。同様に、アレキサンダー大王は、長年の修行によって磨かれたある特別な能力、すなわちリーダーシップを持ち、それが広大な土地を征服し、最終的には彼の治世にマケドニアの支配を確立したのです。

結論として、自分の長所を伸ばすと同時に短所にも取り組むというバランスの取れたアプローチが、スキルアップのあらゆる面で単に「十分であろう」とするよりも望ましいと言えます。このように、特定の分野を磨くことに集中することで、規律を身につけ、最終的には多くの成長と報酬を得ることができ、単なる充実した個人から、選んだ分野や志の専門家へと超越することができるのです。

Q

自由に生きるにはどうしたらいい？

ああ、私の愛する人。自由という問いは、実に答えにくいものです。自由になるためには、まず、自由の意味と本質を理解しなければなりません。自由とは、単に束縛がないことではなく、献身と創造性を必要とする、探索、発見、自己実現の積極的なプロセスです。真に自由であるためには、自分の価値観、選択肢、才能を探求することによって、自分自身の道を見つける必要があるのです。知的にも感情的にも自分自身を拡大するために、実験やリスクは厭わないことです。

古代ギリシャ人は、人生の主な目的は高潔な生き方を通じて幸福を達成することだと考えていました。彼らにとっての自由とは、自分の人生をコントロールし、運命を支配することであり、それは誠実さ、正義、勇気、共感、節制に満ちた人生を送ることによってのみ達成されるものだったのです。その結果、伝統や慣習といった狭い枠にとらわれず、従来よりもはるかに広い可能性を手に入れることができたのである。

また、私は、知識を追求することが自由を得るための鍵であり、それは総意的な見解を超えて考える自由を与えてくれるものだとした。知恵があれば、悪から自由になれると主張したのだ。つまり、知識は現実を正しく理解し、人生に対する先入観を超えて、社会の期待や義務にとらわれることなく、十分な情報を得た上で意思決定できる領域を与えてくれるのです。さらに、知識は私たちの人生にポジティブな変化をもたらし、選択するためのツールを与えてくれます。

最後に、自分にとって意味のあることと、周囲から「真実」または「有益」と思われることを区別することを学ぶことも、自由を育むのに役立ちます。瞑想のような精神的な修行や、スポーツのような身体的な活動も、自由を促進することができます。これらの分野を熱心に探求することで、あなたは構造化された思考や既存の信念のパターンから自分自身を解放する最善の方法を発見し、自分自身のユニークな人生の道を切り開く方法を学ぶことができます。

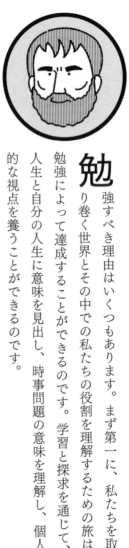

Q なぜ、勉強をしないといけないのでしょうか？

勉強すべき理由はいくつもあります。まず第一に、私たちを取り巻く世界とその中での私たちの役割を理解するための旅は、勉強によって達成することができるのです。学習と探求を通じて、人生と自分の人生に意味を見出し、時事問題の意味を理解し、個人的な視点を養うことができるのです。

また、知識は力であり、勉強することで積極的に知識のベースを広げ、物事に対して十分な意見を持ち、大小にかかわらずより良い決断をする能力を身につけることができます。また、より大きな問題を共同で解決するために必要なツールを提供し、批判的思考を促し、アイデアを効果的に他者に伝えるために必要な知識を身につけます。

さらに、自分自身について学ぶことで、異なる文化、歴史、信念を知ることができ、最終的には、思いもよらない方法で自分の視点を形成することができます。さらに、偉大な文学作品を読み、古代の哲学的イデオロギーを探求することで、今日でも通用する過去の知恵を発見することができるのです。

最終的には、勉強することで、より集中的に学びたい人は進学し、特定の分野の資格が必要な人はキャリアを積むなど、新しいチャンスにつながります。このような変化により、仕事の可能性も広がり、経済的な安定が得られ、結果的に生活の質も向上します。

このように、勉強を始めて時間とエネルギーを費やすことには、多くの利点があることがわかります。勉強は大変な作業かもしれませんが、その分、達成感を味わうことができます。

Q

やりたいこともなく、毎日がつまらないです。

やることがなく、人生が退屈になりつつあると感じているようですね。比較的新しい症状かもしれませんが、そのもどかしさはよくわかります。私も古代ギリシャの時代、毎日が退屈でつまらないと感じていた時期がありました。しかし、このままではいけないと思い、知識を得、経験を積むことにしたのです。

まず、日々の生活をより良くするため、あるいはより大きな何かにつながるために、どんな小さなことでもよいので、目標をリストアップすることから始めてください。そして、これらの目標に定期的に取り組み、達成しやすくなってきたら、自己成長の訓練として少しずつ修正していくことです。さらに、手芸、絵画、詩や物語を書く、音楽理論や作曲など創造性と熟考を必要とする活動に没頭する、哲学、論理学、科学、数学の5分野を学ぶ、ガーデニングや料理などの趣味を探求するなど、物事を面白くする方法を探してみてください。また、あなたを励まし、挑戦してくれるような友人を作り、日々のシンプルな楽しみを大切にすることを学びましょう。やがて、自分の毎日が退屈ではなく、むしろ忙しいと思えるようになるはずです。

無になるための集中力を高め、余暇を充実させるためには、内省することが重要です。毎晩寝る前に、その日やったことを振り返ってみてください。うまくいったこと、うまくいかなかったことは何ですか？うまくいったこと、うまくいかなかったこと、喜びや教訓になったことは何ですか？そのメモをどこかに保存しておけば、週ごと、月ごとに何が起こったかを確認することができます。このような振り返りによって、受容が生まれ、やがて別の可能性を見出すことができるようになり、停滞の中に希望を見出すこともできるようになるのです。

古代ギリシャの歴史の中で退屈を感じることがあったとき、私は「毎日が学ぶべき価値のあるものである」という、すべての出会いの中にある豊かさを思い出すようにしました。ソクラテスは「私は誰にも何も教えることはできないが、考えさせることだけはできる」と言いました。どんな活動であれ、この「考える」という一点において、好奇心と知識への情熱を呼び起こし、継続的に前進させることができるのです。

結局のところ、日々の活動を意識的に選択し、その過程で自分自身や周りの世界についてより多くを学ぶことが重要なのです。平凡な仕事から新しい意味を見出すこと、心地よさを超えて興味のある新しい面を探求すること、他の人と関係を築くこと、チャリティーやボランティアで恩返しをすること、文章や地図で経験を記録すること、どんなに小さなことでも毎日の成功を祝うこと。失敗には重要な情報が含まれていることが多いので、潔く失敗を受け入れること、目の前にあることに感謝すること、必要であればスクリーンから離れること、オフラインとバーチャルの生活のバランスを忘れないこと。

最終的には、毎日同じことを目的もなく行うマンネリ化に陥らないように、一見退屈に見える状況でも冒険の機会を見つけて、それがどこに行くかを見てみましょう。そして、日々の活動の中で創造的な解決策を見出すまで、粘り強く社内外で努力を続けてください。このステップを踏めば、あなたはきっと、日々の成果にあふれたアジャイルな生き方を通じて、楽しい人生をデザインし、永続的なインパクトを生み出すことができると確信しています。

Chapter 20

マザーテレサが母親だったら…

マザーテレサ

1910年スコピア（現マケドニア）でカトリック教徒家庭の子供として生まれた。貧困や病に苦しむ人々の救済に生涯をささげ、人道援助の活動家として象徴的な存在だった。「神の愛の宣教者会」を創設し、貧困層を救うための活動・施設を展開した。インド全土に修道会の活動が広がったことで、教皇により国外活動の許可が下り、以降世界規模の活動を展開していった。キリスト教・カトリック教会では聖人の一人とされる。1979年にノーベル平和賞を受賞。

Q クラスに嫌いな人がいて、学校に行きたくない。

学校に行っても、クラスで特定の人に受け入れられない、居心地が悪いというのは、とても不安なことだと思います。しかし、その人について何か結論を出したり、決断したりする前に、周囲の状況を考えてみることが大切だと思います。

まず、私たちが誰かの行動をいつも理解できるとは限らないけれど、たいていの場合、その行動には何か動機があることを思い出してください。ですから、その人があなたを嫌っているという結論に飛びつくのではなく、なぜそのような行動をとるのか、時間をかけて考えてみてください。おそらく、そのことについて相手と正直に話してみるのもいいでしょう。あなたが気づいていない相手の経験上の何かがあるかもしれませんし、そのようなことを話し合うことで、お互いがより理解し合い、前に進むことができるのです。

あなたとクラスの人との関係も含めて、人間関係をうまく進めるには、忍耐と理解が強力なツールになるということです。心を開いて相手と話し、相手の言い分も聞いてみるとよいでしょう。もしかしたら相手は、あなたが期待していたものとは違うことを、この交流から望んでいたり、期待していたりするかもしれませんよ？このような会話の末に何も変わらなかったとしても、すぐに相手を非難するのではなく、平和的に解決策を模索するために最善を尽くしたことになります。

今回の件がどうであれ、これは自分を振り返る良い機会だと思います。自分の内面を見つめることで、その人の何がなぜ気になるのか、明確にすることができます。また、この状況から生じるかもしれない問題に対処するために、自分自身を改善する方法を見出すことができるかもしれません。

結局のところ、人生は教訓に満ちている。それを学ぶかどうかは、私たちの選択である。今は大変な状況かもしれませんが、そこから何かポジティブなものを感じ取って、また別の場面で活かしていけるはずです。今の状況を受け入れて、明るい明日を作るために日々努力してください。

Q 大学には行ったほうがいいでしょうか？

高校を卒業して働くのと、大学に行くのと、どちらがいいかと聞かれたら、私は大学に行く方がいいと答えます。真にキャリアアップを図り、地域社会に永続的な影響を与えたいと願う人にとって、高等教育は不可欠なものだと思うからです。そのような環境で学ぶことで得られる経験だけでなく、同じ志を持つ人々とのつながりや、潜在的なチャンスも得られるからです。

この主張の裏付けとして、私自身の人生について言及します。貧困の中で育ち、18歳の外国人女性として、明確な目標や方向性を持たずに家を出るという障害があったにもかかわらず、私はダブリンのロレート・カレッジで教職の学位を取得することを選びました。この経験は、私に新しい世界観をもたらし、全く別の道を歩ませることになりました。共感と思いやりという同じ価値観を持つ人々と関係を築くことができ、その結果、貧困と困窮の中で生きる人々を助けるという、私の生涯の使命を見つけることができたのです。この変化を可能にした学校教育は、私を後に慈善宣教師団を創設し、カルカッタの聖テレサとして列聖される女性へと変貌させることになりました。

私の体験談は、未来の変革者を生み出す教育の力を実証しようとするものです。自然科学者のチャールズ・ダーウィンはイギリスのケンブリッジ大学で学び、進化論において決定的な進歩を遂げましたし、国際的指導者のネルソン・マンデラは南アフリカのフォートヘアー大学で学士号を取得し、後に国の大統領に就任しました。このような歴史的な人物は、大学が政治的にも科学的にも、それまでなかった新しい可能性の扉を開くものであることを証明するものです。

ですから、世の中を変えたいと考えている人は、ぜひ大学に進学することをお勧めします。海外でボランティア活動をするにしても、地元で自分の研究分野に携わるにしても、高等教育機関で貴重な知識や技術を得ることで得られるメリットは数多くあります。学問の進歩は、世界を変えるような革命的なチャンスをもたらすかもしれないのです。

Q

お小遣いがもっと欲しいです。

お小遣いを増やしたい気持ちはわかりますが、その大切さについて考えてみましょう。「幸せはお金で買えない」ということわざがありますが、私もまったく同感です。なぜなら、幸せは与えること、奉仕することで得られるのであって、使うこと、消費することで得られるものではないからです。お金があることはいろいろな意味で有益ですが、それに執着しすぎず、精神的に責任ある使い方をすることが大切です。

「裕福であること、物質的な財を持つことは、意識して楽しまなければ、不幸をもたらすことになる。だから、わずかなもので満足したほうがいい」。富を放棄することで、私たちは世俗的な所有物から自由になり、より有意義な活動に集中することができます。そうすることで、自分の内なる価値を真に表現し、真の意味で他者に奉仕することができるのです。

物質的な豊かさを放棄することに加えて、私は精神的な豊かさを優先させることを信じています。食料、水、衣料などの必需品が満たされたら、友人や家族との関係を深める、心の平和を育む、創造力を養う、困っている人に助けやアドバイスをする、慈善活動をする、などの非物質的な面を考えることは、大金よりもはるかに重要なことなのです。

結局のところ、目先の快楽や娯楽にお金を使うよりも、精神的な成長を優先させれば、真の意味での永続的な満足が得られると確信しています。

Q 彼氏を家に連れてきたいけど、お父さんが何と言うか心配……

彼氏を家に連れてきてお父さんに会わせるのが心配なのはよくわかります。簡単な状況ではないでしょうし、不安なこともたくさんあるでしょう。しかし、あなたが自分を信じ、二人の関係が確かなものであると信じていれば、この難しい状況もきっとうまくいくでしょう。

私が経験から学んだことをアドバイスさせてください。このような難しい話をするときは、じっくりと相手の話を聞くことが大切です。相手の意見が間違っていたり、自分にとって意味がないように思えても、その意見の裏には何か価値あるものが隠されているかもしれないのです。相手の話をよく聞いて、相手の立場を理解するようにしましょう。このような対立に対処するためには、尊敬の念を持ったコミュニケーションが重要です。

また、過去に同じような状況に陥った人がどのように対処したかを振り返ることも有効かもしれません。歴史上、人々は世代間の架け橋となり、意見の相違があっても家族の違いを解決する方法を見出してきました。例えば、ロミオとジュリエットは、何世紀も前に生まれたカップルですが、それぞれの家族から異なる意見を持ちながらも、愛を育む方法を見つけました。この2人は私たちにインスピレーションを与え、すべてが失われたように見えるときでも、未来には常に希望があることを思い出させてくれます。

お父さんの意見がどうであれ、あなたは自分の心に決めたことは何でもできることを思い出し、時が来ればすべてがうまくいくことを信じてください。この問題で簡単にあきらめないで、愛と尊敬のために戦い続けてください。自分自身を信じれば、最後にはすべてがうまくいくはずです。

Q

どうしたら、お母さんのようにすべての人を愛せますか？

愛とは素晴らしいものであり、それは自分自身を愛することから始まります。それができれば、他人を愛することも容易になります。

多くの人は、愛は言葉や物、派手な行動で示さなければならないと考えていますが、必ずしもそうではありません。愛とは、目に見えるものだけでなく、相手と心からつながることなのです。

私はこれまで、さまざまな愛の形を目にしてきましたし、そのうちのいくつかは自分のものとして取り入れてきました。私にとっては、人間として、私たちは皆、神によって平等に創造されたという共通の絆を持ち、それゆえ、お互いに親切と尊敬をもって接するべきであるということを思い出すことが重要でした。そのためには、お互いの個性や違いを大切にし、オープンマインドで受け入れることが大切です。

私が生前、インドのカルカッタに住んでいた頃の行動は、この「人を愛する」という理想をより深く実践していたことを示しています。私はこの街の恵まれない人々と密接に関わり、彼らを受け入れ、彼らのニーズが満たされるように努めました。しかし、それでも私は、彼らのためにできる限りのことをしようという決意を揺るがすことはありませんでした。

また、歴史上、激動の時代にあっても、このような愛を貫いた例はたくさんあります。例えば、ブッダが出会った人々に、その背景を問わず励ましの言葉をかけたことや、聖フランシスコ・ザビエルがカシミール地方で行った精神的取り組み、南北戦争中にアメリカで多くの奴隷に自由を与えたエイブラハム・リンカーンの奴隷解放宣言など、私の最も古い例は、このような行動や無私の行いに基づいています。

このような無私の行動や行為は、何世紀もの時を経た今日でも忘れられることなく、今なお私たちを鼓舞し続けているのです。

結論として、誰もが、互いの違いを尊重し、感謝し、必要に応じて人を助けることによって、私のようにもっと深く愛することができるのです。純粋に愛を伝えることはとても気持ちのいいことです。心からの愛は、どんな物質的な所有物よりも輝いています。

最後に、忘れてはならないのは、一緒に修復された心は、団結に満ちたより強い世界を作るということです。

おわりに

ChatGPTの基盤モデルGPT－3のようなLLM（大規模言語モデル）は、今後も進化を続けていくでしょう。

「あと10年かかる」と思われていたAIのあらゆる予測が外れ、10年どころか10ヶ月かそれ以下の時間軸に変わりつつあります。

この書籍で実験したように、特定の条件下で特定の人物の個性を反映した意思決定の精度は、今後も信じられないスピードで進化していくと思われます。

会社経営の意思決定者が自ら考えるのではなく、LLMが提示した複数の意思決定の選択肢から選ぶという体験は、数年もかからずスタンダードになっていきますし、数年もかからずに選択の必要性もなくなってくると思っています。

書籍に関しても、今後は読む人の知識背景や興味関心に合わせて、1冊の本の内容をその人向けにAIが書き換える書籍のパーソナライズも現在の技術で既に可能になっていますし、数年もかからずに僕たちが本を読む際、馴染みのない例え話を読む機会も減ってくると思っています。

また、書籍自体を擬人化する取り組みも2023年初頭から実験が進んでおり、1冊の書籍のことならなんでも答えてくれる書籍Q＆Aサービスも数年もかからずに普及してくるものだと思っています。僕たちは、書籍から知識を吸収する際、読むか対話するかを選択できるようになるのではないでしょうか。

多くのホワイトカラーの仕事も大きな変化が起こり始めています。生成AIの多くは言語による命令からあらゆるコンテンツを生成します。英語圏では「Text－to-〇〇」と表現され、Text-to-Image、Text-to-Video、Text-to-WebDesignなど様々な生成AIが登場しています。この流れからも連想できるように、ホワイトカラーの多くの仕事はキーボードでAIに命令する作業に収斂していくと思っています。

「〇〇の広告作って」「〇〇の契約書作って」「〇〇の提案書作って」「〇〇に電話して」など、適切にAIに幅広い指示ができる国語力の高い人材が活躍できる世界が十分にあると思っています。

各会社ごとの固有の情報をLLMに低コストで取り込みやすい環境開発もドンドン進んでおり、会社のルールや文化などを事細かに理解した「会社のことならなんでも答えるＡＩ」自体は既に実用化が進んできています。

ＡＩの進化によっては、これまで花形だったホワイトカラーの特定の職業が完全にＡＩに置き換わってくる可能性も十分ありえます。

私自身も２０２０年からＧＰＴ－３を追いかけている中で、手に職という観点で大きな危機感を覚えましたが、同時にＡＩとの対話の楽しさと、ＡＩが創るだろう未来に大きな期待を寄せるようになりました。

もちろん、自分の職業がある日突然ＡＩに置き換わるリスクがある一方で、ほとんどの人類が２０２３年3月時点でＡＩ対話業務未経験の状況です。

実はＡＩとの対話に難しいプログラミングや数学の知識は必要ありません。

ＡＩ時代にＡＩと仕事をするためにも、好奇心を持ってＡＩと対話し、友人のように仕事でもプライベートでもＡＩと接し続けることが今はとても重要だと思っています。

この本で出てきたＡＩの回答を見て、ＡＩの現在時点を感じ取り、少しでもＡＩに興味を持ってもらえたら光栄です。

伊藤　新之介

[著者略歴]

Catchy（キャッチー）

（株）デジタルレシピが2022年7月にリリースしたAIライティングサービス。AIモデルとして、イーロン・マスクなど著名な投資家たちによって、2015年にサンフランシスコで設立された人工知能研究所OpenAIが開発しているGPT（Generative Pre-trained Transformer）を採用。キーワードや要点を入力するだけで広告、資料作成、記事制作、企画制作、セールスレターなど100種類以上のAI生成ツールが使用可能。開始半年で利用ユーザー数が4万人を超え、多くのビジネスシーンで活用されている国内最大級の生成AIサービス。人間と同程度に流暢な言葉を生成することが可能で、（安全な利用の範囲内で）多くのプロダクトで幅広く利用されている。ちなみに「Catchy」という名前を考案したのはCatchy自身である。

[監修者略歴]

伊藤 新之介（いとう・しんのすけ）

2013年（株）ラフテックを創業し、「笑うメディア クレイジー」を1200万UUまで成長させ、同社を（株）ベクトルへ売却。2018年にAIを活用したDX支援を行う（株）デジタルレシピを創業し、CEOに就任。海外の最新トレンドや技術をいち早く実務に取り入れることに定評がある。

成田修造（なりた・しゅうぞう）

慶應義塾大学在学中にベンチャーでの勤務、学生起業を経て、（株）クラウドワークスの創業期に参画し執行役員に就任。創業3年で東証マザーズに上場。その後副社長COOに就任。2012年から2022年までクラウドワークスの経営を行った後、2023年より独立。新たな会社の創業に向けて活動中。その他、エンジェル投資家として、共同創業やスタートアップ出資も数多く手掛ける。

AIが「答《こた》えの出《で》ない問題《もんだい》」に答《こた》えてみた。

2023年3月21日　初版発行

著　者	Catchy（キャッチー）
監　修	伊藤新之介・成田修造
発行者	小早川幸一郎
発　行	株式会社クロスメディア・パブリッシング 〒151-0051 東京都渋谷区千駄ヶ谷4-20-3 東栄神宮外苑ビル https://www.cm-publishing.co.jp ◎本の内容に関するお問い合わせ先：TEL（03）5413-3140／FAX（03）5413-3141
発　売	株式会社インプレス 〒101-0051 東京都千代田区神田神保町一丁目105番地 ◎乱丁本・落丁本などのお問い合わせ先：FAX（03）6837-5023 service@impress.co.jp ※古書店で購入されたものについてはお取り替えできません
印刷・製本	株式会社シナノ／中央精版株式会社

　ISBN978-4-295-40808-6　C2034